「生きる」
みんなの「生きる」をデザインしよう

菊地信義
Kikuchi Nobuyoshi

白水社

みんなの「生きる」をデザインしよう

著者自装

はじめに

前日の夜は一睡もできなかった。

生まれてはじめて小学校、しかもぼくの母校で、二日間、授業をするのだ。

リハーサルも台詞《せりふ》入りの台本も何もない。二十七人の子どもたちともはじめて会う。

科目は、装幀。ぼくの職業。どうなることやらまるで見当がつかない。

教材は大小のさまざまな文字のコピーと、谷川俊太郎さんの「生きる」という詩の七行だ。

この詩に、子どもたちは何を感じ、どんな装幀をつくってくれるだろう。

この二日間が終わったとき、ぼくと子どもたちは、何かが変わっているだろうか。

「ぼくはこれまでに一万冊以上の本を装幀してきたんだぞ」

とぼくは自分に言い聞かせた。
それを心の支えに、教室の扉を開けることにした。

生きる

谷川俊太郎

生きているということ
いま生きているということ
それはのどがかわくということ
木もれ陽《び》がまぶしいということ
ふっと或《あ》るメロディを思い出すということ
くしゃみをすること
あなたと手をつなぐこと

目次という名の時間割

一日目

一日目

朝の予鈴

ほんとうのことを言うと、授業のはじまりは、こんなふうにやりたかった。子どもたちを社会科見学よろしく街中にひっぱりだして、街にあふれる看板やポップやポスターの文字を見せて歩くのだ。「教える」なんて神業《かみわざ》はぼくにはできないが、目のつけどころを指さしてやることくらいはできる。

ぼくの授業の最初の一歩は、タイポグラフィー＝印刷された文字のおもしろさに気づいてもらうことだ。

さて、文字に気づいてもらうには、何からはじめようか。

まずは、明朝体とゴシック体の違いを意識してもらうことだろうな。

書道教室の看板にゴシック体は使われてない、なんてことを手はじめに、文字には大きく分けて明朝体とゴシック体の二種類あると気づかせる。子どもたちが「へえ〜」という顔をしたところで、ケーキ屋さんと和菓子屋さんが並んでいたら最適だ。ケーキ屋さんの看板には目にもおいしそうな書体、たとえば丸ゴシックの細いのなんかが使われているだろうし、和菓子屋さんには明朝体が使われているだろう。

そこを通り過ぎて、近ごろはやりのコミック喫茶なんかがあれば、ゴシック体でも明朝体でもない、ミンカールなんて丸っこい書体に遭遇してしまうかもしれない。落語会のポスターが蕎麦屋さんの壁に貼ってあれば、勘亭流や毛筆体にご対面できる。

そこですかさず、「文字には、ゴシック体、明朝体以外にもさまざまな種類があるんだよ」と言えば、またも子どもたちが目を丸くして「すごーい」と感嘆の声をあげるだろう。

ところが、こんなぼくの想定は、みごと計画倒れに終わった。説明するのが遅れてしまったので急いで言うと、ぼくの授業はＮＨＫのテレビ番組を収録するためのものなのだ。

テレビの番組づくりには、時間と予算と許諾の都合がある。クラスの子どもたち全員を外に連れ出すのは、結論だけいうと不可能だった。

授業一日目の朝、ぼくは授業をする神奈川県藤沢市立本町小学校まで歩いて行った。この地に来るのは五十年ぶり。地形の記憶がくっきりとよみがえる。小学校の三年生まで住んでいた家が、そのままのたたずまいであった。五十年ぶりに見る庭の松の木は、たいそう大きく見えた。事情があって引っ越し、越境通学で通ったっけ。そうそう、学校までの道は家の裏手の小さな丘を越えたのだ。足の角度はなにも変わっていない。はっきり覚えている。母親につれられていった入学式だ。ゆるやかな坂を少しあがっていった。道の両側は畑で、坂の途中に桜の木があった。

くだりきると小さな文房具屋さんがあったけれど、今はないな。小田急線の土手はそのままだ。いや、ぼくが見ていた線路の土手は、もっともっと高かった。

「あそこの土手にあがって、いつも怒られてね」

テレビのディレクターに、こんな五十年前の打ち明け話をしながらとことこ歩く。

校庭の柵までたどりついた。柵につかまる。低い。ぼくの記憶には、たっぷり倍の高さがある。

運動場に目をやるのと同時に、学校のチャイムが鳴った。

校庭は、ぼくの記憶そのままだった。校庭にたいして校舎が少し高くなっていた。大人になってからも小田急線の車窓から偶然学校を見た記憶があるけれど、土手がこんなに低いとは驚きだ。

土手には何本か山桜があった。昼休みに土手にのぼるなんて禁止だったが、サクランボが実るころは樹にのぼって取って食べた。午後の授業の前にサクランボ検査がある。べーっと舌を出して、サクランボ色をしているとお小言を食らうのだ。

だれもいない運動場を黙って見ていると、校舎の記憶が蘇ってきた。木造校舎二階建て。いまはコンクリートの校舎だが、配置はそんなに変わっていない。

正門に立つと、老木の風格を漂わせた桜。入学式に母と桜の長いトンネルを抜けた記憶が蘇る。

また、校庭にチャイムが鳴り響いた。

校庭を横切りながら、ぼくはディレクターの質問にひとつひとつ答えた。

——菊地さんは、どんな子どもでしたか？

「東京からここに越してきたのは五歳のときだった。昭和二十三年、学校に着物着て、教科書をふろしきに包んで持ってくる子もいた時代でした。ぼくは靴を履いて、白いシャツにランドセルで学校に通った。当時の写真を見ると異邦人みたいな格好に見えますよ。いじめにあった記憶はないけどね。あんまりおもしろい子じゃなかったと思うな。小学校の卒業記念文集を今も持っているけど、そこに載った自分の俳句と遠足のときの作文を見ると、おもしろくもなんともないんだよ。子どもらしくない子だった」

——本をたくさん読む子どもでしたか？

「小学校の高学年になって少年雑誌をよく見た記憶があるくらいで、家にも学校にも本らしいものはなかったよ」

——ませていた？

「東京で生まれて、戦中を東京で過ごしました。祖父が海産物を扱っていたので、戦後、食べる物がないとき、鰹節や昆布といった乾物があった。当時、お米がないのでさつまいものつるを刻んだ青いおかゆを食べたなんて話を聞くけれど、記憶がない。ぜいたくなものを食べたわけではないけど、鰹節や昆布と、物々交換でお米も手に入ったのか、家の大人たちはいざ知らず、当時の子どもにしては穏やかな暮らしだったから、ある意味でぼんやりした、ませた子かもしれないね。今で言えば、『クラスで浮いている子』かな」

校舎を眺めているうちに、思い出した。一年生の担任がぼくたちを最後に結婚してお辞めになった。二十代の若い女先生だった。兄弟がみんな男だったし、お姉さんみたいに感じていた。放課後、先生の手伝いをした。教室は一階のあのあたりだった。先生と、大きな太陽が沈むのを見た。その夕日の色はまだ目に焼きついている。

校舎を見つめて黙りこんだぼくに、ディレクターはずばりこう尋ねてきた。

——今日と明日の二日間の授業で、いちばん伝えたいことは何ですか？

ぼくは少し言い淀んだあとで、こう答えた。

「イメージをもつことかな。ふつう、イメージをもつといえば、かわいいとか、おもしろいとか、きれいだとか、そう感じることがイメージをもつことで、それで終わりにしてしまう。ぼくは、イメージをもつことは、かわいいとかきれいとかだけではなくて、『どうかわいいのか、なぜきれいなのか』、それをことばにしてはじめてイメージをもったと言えると思うんだよ。動物にたいして『キャー、かわいい』って言っているだけではなく、自分の印象をもうひとつことばにする。それがイメージをもったことになるんだっていう話を子どもたちにしたい。

次に、そのことばを人に伝えるために、書体や色、絵にイメージ化する。イメージする力をきたえること、それが今回のテーマです」

今度はディレクターが言いよどんだ。ぼくは話しつづけた。

「イメージをことばにする。そのことばをイメージに戻すんです。ことばはとても個人的で、手前勝手になりやすい。しかし、ことばの形である文字は書体や色によって意味と印象を生みだします。自分のことばがどうしたら人に伝わるか、相手の立場になって、自分を通訳することです。

『リンゴは赤い』ということを人に伝えるには、『自分はリンゴを赤く感じたけど、人はリンゴを赤と緑がまじったものと思うかもしれない』、『人はリンゴを青いと思うかもしれない』。リンゴは赤いという理由を自分の心の内に探って、それをどうイメージ化したら相手に伝えられるか考えないといけません。それは人の立場に立って自分を考えるってことなんだよ」

「自分はこう感じたけど、相手に伝えるとき、相手はどう考えるだろう。そのためにはどういうふうに伝えたらいいか。ものごとにたいして感じたイメージを一度自分の内でことばにしてみる。それを相手にどうしたら伝えられるか。同じことばでも言い方を変えればずいぶん変わるよね。それもことばを形にすることなんだよ。そんなことを具体的な作業を通して伝えられたらいいと思うんだ。ぼくがやっている装幀という仕事は、そういうことを、常にやっている。もうひとつの言い方をすればデザインするということなんだ。なぜデザインが必要なのか……」

校舎は目の前だ。ディレクターはぼくのことばをこうさえぎった。

――ひとことで言うと？

「イメージ力を鍛える！　それが自分のためであり、人のためでもある。ひとりひとりが自分を生きるためにイメージ力を鍛えることが大事なんですよ」

――緊張していますか？

「眠い、じつは……」

ぼくは校舎の玄関へと向かった。振り返ると校庭の向こうに桜の樹が見えた。

一時間目／図書室で、自分の一冊を探す

一時間目の授業は、図書室ですることにした。名づけて「菊地書店」。二百冊ばかり、本をずらりとテーブルにならべた。

おそらく、子どもたちははじめて「装幀」ということばを知るはずだ。自己紹介するために、「装幀」の二文字が奥付などの見つけやすい場所に書いてある本はないか。ぼくは本をながめた。

あったあった。これがいい。安野光雅さんが装幀した宮沢賢治の本だ。大先輩の仕事、不足はない。

図書室の本はどれもさわって気持ちがよかった。ビニールでカバーなんかしていなくて、表紙の手ざわりが楽しめる。装幀の仕事をしていると図書館のビニール・カバーはとって

も淋しいのだ。

もうひとつ、心配事がひとつ消えた。図書室の本は、カバーをはずしている場合が多い。装幀が書店で人々の目に止まるのは、表紙ではなくまずカバーだ。はずしてしまうと、仕事の半分も見てもらえないことになる。

ところが、児童書はカバーをとっても表紙に、同じデザインが印刷されている。カバーがなかったらどうしようと思っていたからほっとした。

装幀の色調は、小学生くらいまでは万国共通だ。外国のブックフェアで児童書のコーナーを歩くと、どの国の児童書も印象がみんな同じだ。基本的には原色である。

中学や高校生の本になると、がぜん大人の本の色になる。いつのまにか本表紙から絵が消えて、表紙が一色になってカバーだけに絵や文字が入るようになる。

本は、ただ見るだけでなくて、手に取りページをめくり、触感を楽しむことが大事だ。子どもたちを迎える前に本をあれこれいじっていると、ずいぶんこったつくりの本を見つけた。背継ぎ表紙といって、背と表裏の表紙に違う素材が使われている。こんな本を手に取れる子どもは幸せだ。ぼくには図書室の記憶すらない。

本の表紙が見えるようにずらり並べたのにはわけがあった。ふだん図書室ではこんなふうに展示していない。図書室を書店に見立て、子どもたちに表紙だけで、まずは見た目で、好きな本を一冊ずつ選んでもらうのだ。

選ぶ時間は短いほうがいい。三分あれば十分だ。二冊というと子どもが子どもを演じて大人の受けを狙うかもしれない。一冊というとその子の本音がでるはずだ。

「この台の上から、君が見た目で好きな本を一冊選んでください」

とぼくが言って一冊選んでくれたら、それが彼らのデザインのはじまり。選んだ理由をことばにしてもらう。それがぼくの授業のはじまりだ。

ぼくは大人の本の装幀を手がけているから、ふだん、児童書はあまり見ない。装幀のレベルがとても高くなっていることをはじめて図書室で知った。皮肉なことに出生率が低くなって子どもの本が売れなくなって、みんなデザインに力を入れているのだ。

ぼくの緊張は、頂点に達しそうになっていた。並んだ本をあれこれ手にとって緊張を少しでもまぎらわそうとした。他人の装幀がとてもよく見える。

「いい装幀だな。あー、この本はよく読まれている。へーこういうの好きなんだ。『くまのプーさん』か。いいなあ。あ、これもいいな。先生か、困ってしまうな……おお、おはよう」

子どもたちが図書室に入ってきた。さあ、授業開始だ。

「おはようございまーす！」

あいさつの声が明るくてよくそろう。ぼくは笑顔が引きつっているのを悟られないように注意しながら、授業をはじめた。

「今日、ここは菊地書店という本屋さんなんだ。ここに棚の本を出して並べたからね。いまから三分間あげるから、表紙を見て、さわってもいい、これいい、これ気に入った、これ読んでみたい、と思う本を一冊選んでください。はい、どうぞ。時間は三分です」

子どもたちはすぐに静かに本をながめはじめた。表紙をまじまじと見つめるなんて、子どもたちははじめてにちがいない。

子どもたちがあまりにしーんとして本を選んでいるので、ぼくは不安になって、ついアドバイスする。

「表紙が気に入ったぞ、読んでみたくなったぞっていうのを選んでください。読みたくないけど表紙はいいっていうのもいいです」

「今日はお代はいりません」

「もう一分三十秒たったぞ」

「中を見てもいいよ。裏も表紙だね」

「読んだことある本でもいいよ。読んだけど、やっぱり表紙がいいなってやつでも」

二冊選んでどっちにしようか考えこんでいる子がいる。

「迷っちゃうか、迷っちゃう？　えっ、どっちにしようか困っちゃうって？　そんなこと言われても困っちゃう？　あきらめるんだな。二冊じゃないよ、一冊だよ」

二分過ぎると、そろそろ選び終わった子どもたちが多くなってきた。

「あと一分です」

「本屋のおじさんがお手伝いしますよ、困っている人がいたら、何をお探しですか？あ、これでいいの？　決まったかい。じゃあ出よう。ほかの人が探すのに邪魔になるから」

「迷っているな、迷っているな。どっちにするかな。よし、決まった」

最後に決まったのは、花衣（かい）さんだった。

「本と椅子を持って、ぼくの回りに来てください」

と言うと、花衣さんがにっこりうなずいた。

「じゃあひとりひとり見せてもらうからね。じゃあまず君から。選んだ本を見せてください。どうしてその本を選んだの？」

トップバッターは夏夢郎（かむろう）君だ。『宇宙人のいる教室』という本を抱えている。理由がおもしろい。

「うーん、アタマでっかちなところです。丸みがある感じで、愛らしいというか、なんか親しみがある」

「読んだことある？」と問うと、「今見つけた」という。

「読んでみたい？」と聞くと、「はい」と元気な返事が返ってきた。

滉（こう）君、『子ねこをつれてきたノラねこ』

選んだ理由は「うーんとね、この猫が、かわいいし。ちょっとかわいそうな感じ」

猫はけがしているようだった。はじめて手に取った本だという。きっと猫の目が気になったにちがいない。

楓（かえで）さん、『金色のクジラ』

選んだ理由、「この回りが光ってて、とてもきれいだと思ったから」

パッと見では、「これ」が何だか、ぼくはわからなかった。そうか、クジラだ。書名が『金色のクジラ』だものな。

信悟（しんご）君、『かげはどうして黒いか知ってる？』

選んだ理由は、「このかげはどうして黒いか知ってるっていうのを疑問に思って」

タイトルにひかれて選び、絵もいいという。だが、ぼくの見たところ、黒い影があってもよさそうなのに、影はどこにもない。それが不思議だった。ところが、信悟君は「これが影じゃない？」と絵の一部分を指さした。なるほど、それが影に見えるのか。

広大（こうだい）君、『語源』

理由は、「語源の本で。語源の本はいろいろ読んだけど、これははじめてだったから」

表紙にはいろいろなもののイラストがちりばめてある。理由は「ひょっとこの語源が知りたかった」と具体的だ。四字熟語の本も読んでいるという。

友一（ゆういち）君、『ゴロゴロまんきんたん』
理由は、「この人が空を見て、どこ見ているのかなって……」
うれしい理由だ。わけのわからないおもしろいタイトルだし、描かれた男性がおじさんかお兄さんか、見ているのが猫か犬かもわからない。友一君もまんきんたんが何なのか「よくわからない」という。友一君はこの絵のおじさんの目の力でまんきんたんが何なのか見定めたいと思ったのだ。
雅也（まさや）君、シートン動物記『カラスの王　銀の星』
理由は、「このカラスの絵は手の先までちゃんと描かれていて、すごいリアルでかっこいいと思った」
俊樹（としき）君、同じシリーズ、シートン動物記『オオカミ王　ロボ』
理由は、「この表紙でオオカミのかっこよさがちゃんと描かれているような気がするんで、読みたいと思って、これを選びました」
どちらも絵の力で食指が動いたようだ。ぼくはタイトルの文字が気になってたまらない。
「文字はどうだい？　なんだかにじんでいるね。文字もかっこいいんだ、こういう文字が」

カメラが本にズームインした。

明里（あかり）さん、『ムーミン谷の冬』

理由は「私はこのムーミンの絵がかわいいなって思って」

しめしめ、かわいいということばがでてきた。ぼくはすかさず質問する。

「ムーミンが、どうかわいい？」と聞くと、答えはすぐに返ってきた。

「今までムーミンはたまに読んでいたけど、これは読んだことがなくて、冬にどこかに出かけたみたいで、読みたいなって」

「冬の景色の中のムーミン、めずらしくて気になったんだ。ムーミンは寒がりなの？」

まりさん、『ふたりぼっち』

理由は、「これ……なんか表紙を見ててかわいいなって思って。その下の猫と熊が気に入って読みたいなって思った」

おっと、またもや、かわいいがでたぞ。「どうかわいい？　熊と子猫」と聞く。

「なんか現実にはいないかわいさ」

この子も答えはきちんともっていた。ぼくはただの引き出し役だ。たしかに熊と猫の仲がいいなんて聞いたことがない。ふたりぼっちということばも魅力的だ。「タイトルにはひかれなかったか」と問うと、「うーんと、ひとりぼっちは寂しいけど、二人ならなんか寂しくないかな」

ぼくもその本が読んでみたくなった。

美しいとは言いがたい表紙の本を選んだ子もいる。

俊介（しゅんすけ）君、『王様　魔法ゲーム』

ひかれた理由は、「ゲームっていうところ」

装幀がどうあれ、読みたい内容ならば気にならない……の、か。ほんとうにそうなのか。聞いてみた。

「ゲームっていう文字はどうだ？　かっこいいかい？　あんまりかっこよくないんだろう」

「うん」

「絵はどうだい？」

「なんで怒っているんだろう、みたいな」

ぼくはちょっとほっとして、胸をなでおろした。

表紙の絵もおもしろくない、タイトルの文字もかっこよくない。でも、ゲームが好きだから読みたい。ま、そういう本の選び方もある。

聖也（せいや）君、『シートン動物記5』

理由は、「表紙の絵がかっこいいから選びました」

リアルな絵だ。たぶん犬だ。「犬は好きじゃないけど、猫は好き」という。リアルな描法にひかれたのだろう。

瑞樹（みずき）君、『これならおとくい　ジェラルディン』

理由は、「タイトルから中身までおもしろそうだからこれにしました」

描かれている動物が何かまったくわからない。絵がわからないことは、気にならなかったのだろうか。

「ちょっと気になったけど。でもいちばんタイトルが気になった」

タイトルの書体は斜体だった。「その文字はどうですか？　好きですか？」

「はい」といい返事だった。

紗和子（さわこ）さん、『エルマーのぼうけん』

理由は、「これはちょっと表紙がカラフルできれいだなって。あとライオンがこうなるのもおもしろいなって」

彼女はこのシリーズの愛読者だった。「いろんな色があってきれい」と彼女は言い添えた。

由那（ゆうな）さん、『三つ子のこぶた』

豚の絵が気に入ったという。

「その絵のどんなところが君は好き？」とたずねると、

「うーん……」

黙りこんでしまった。答えがなかなか返ってこない。

「顔？　足の形かな」

「全体的に」

「文字はどうかな？　全体的にかかっている植物とか」

「いいと思います」

「色がグリーンで統一されているね」

由惟（ゆい）さん、『ちきゅうのなかみ』

ひかれた理由は、「なんか中身、地球の中身とか、絵とかもおもしろそうだし、読んでみたいなって。はじめてだけど、なんか、絵からしてもおもしろそう」

ひょいと裏返すと、おもいがけない絵が出てきた。カッパだ。表を見ると女の子がいるのに、開くとお相撲さんが出てくる。裏と表で一組になっている絵だ。科学の本なのか、物語なのか、内容の見当がつかない。この表紙だったら読んでみたい、とぼくも思う。

琴子（ことこ）さん、『海で見つけたこと』

気に入った理由は、「海、背景がきれい。前も後ろも海で」

不思議な絵だった。ほんとうは空があるべきところに海が描いてある。

「不思議な絵だね。文字はどうです？」

「なんかいろいろ海で見つけたこと、あんまりこういうの見たことないから見てみたい」

裏表紙は、貝殻で額縁みたいに縁取りされていた。

真菜（まな）さん、『小さなひつじ　フリスカ』

選んだ理由は、「三匹の羊の中で、これがいちばん小さいけど、その子が泣いているからどんなお話かなって」

泣いている羊の回りの二人は喜んでいる。ああ、それが気になったんだ。小さな羊の名はペスカ。泣いているわけが知りたいんだ。

ひろみさん、『ムーミンパパ、海へ行く』

理由は、「ムーミンパパ海へ行くっていうタイトルが絵とあっていて、次の展開が気になるように書いてあるから読んでみたい」

たしかに、タイトルに絵がとてもあっている。いったいひろみさんはどんなことを想像したのか。

「ムーミンパパが海へ旅に出て、冒険するのかな、とかいろんなことが膨らんできた」

「君は、絵を描いた人に説得されたね」とぼくは応じた。

夏末（なつみ）さん、『ペッエッティーノ』

はじめて出会った本を手に取った理由は、「いろんな色を使ってカラフルなところと、変わった題名のところ」

動物か人か、わからない。わからないからこそ、気になるものだ。

彰人（あきと）くん、『はだかのサイ』

すごいサイだ。どこが気に入ったのだろう？

「サイの形がちょっと変だった」

裸のサイというが、洋服を着たサイはいないはず。

「このタイトルから、なにが想像できる？」と聞いてみずにいられなかった。

「どんな冒険をするのかな」

不思議なサイだからそう思わせる。

花衣さん、『ナルニア国の住人たち』

このベストセラーを選んだ理由は、「私は、このライオンとこの題名のナルニア国がどう関係しているか、見てみたい」

この本の表紙のよさは、言い当てることができる。タイトルはナルニア国の住人たちだがライオンが一匹でているだけ。それが不思議、気になる、というしかけだ。ほかにどんな人たちや動物がナルニア国にいるのか、読んでみたい気にさせる。

亜耶（あや）さん、『エルマーと16ぴきのりゅう』

世界的ロングセラーを選んだ理由は、「私はこの16ぴきのりゅうっていうところで、動物が好きなので、竜っていう、こういう形の伝説の動物でどんなお話かなって……。一回読んだことあるけど、おもしろいと思う。この表紙で、このエルマーが竜を抱いていて、なんで抱いているのかなってそんな感じを思ったり」

絵の力はすごい。なんど読んでも「この本が好き」と言わせる力がある。裏表紙の竜もいい。

愛（あい）さん、『お父さんのラッパばなし』

理由は明快、「お父さんとラッパがおもしろい」

表紙を見てどんな物語が見えてくるか、尋ねてみる。

「お父さんがラッパを吹いたり、そんな感じ。高いところから棒をつたって……」

「この絵は好きですか？」

「はい！」

祐太朗（ゆうたろう）くん、『オーヤサシ巨人BFG』

選んだ理由を聞く前に「なんですか、このタイトルは」と思わず声が出た。

選んだ理由は、「表紙では話の中身はわからないけど、少し先に内容を見たらおもしろそうで、ぼくは漫画も好きだけど、けっこう小説も読んでいて、これを選びました」

ぜんぜんわからない。巨人？　これは名前か名字かチーム名か。へんなタイトルだ。この本を手にするのははじめてで、図書室にあったことも気づかなかった、という。

貴人（たかと）くん、『米なんでも情報』

選んだ理由は、「米づくりしている……」

「君は植物が好きなの？」

「いちおう好き」

みんなで稲を育てていた。何かを育てるのが好きなんだ。

敦くん、『パディントンの煙突掃除』

選んだ理由は、「この絵がまさしく煙突の掃除に行くって感じで」

煙突を掃除しに行くことはわかるが、はじめて見るタッチの変わった絵だった。

「変わった絵だね。色かな、形かな、何がシンプルに感じさせるのかな?」

「鉛筆で描いているところが」

この子はシンプルな絵が好きなようだ。リアルな絵が好きな子もいた。本を裏返して見た。表は煙突掃除のおじさんだけど、裏は樽（正字）の中からだれかの足が出ている。表裏を見るとさらに気になる。


こうして生徒から、自己紹介代わりに一冊一冊選んだ理由を聞いて、聞き終わるとひとりひとりに「ありがとう」と言い添えた。

二十七回の「ありがとう」のあと、ぼくが自己紹介する番がやってきた。

「みんなすごい。ちゃんと自分の気に入った理由をことばにできるね。さて、いろんなことをいっぱい聞いたぼくは、キクチノブヨシといいます。本の表紙を、デザインする仕事をしています」

二十四の瞳、ならぬ五十四の瞳がいっせいにぼくを見つめた。おまけに三つのカメラがぎろりと冷たいレンズを向けている。そうだ、ぼくは緊張していたのだった。

「日本では、本の表紙のデザインを装幀といいます。みんなの選んだ本の全部ではないけど、最後のページに奥付といって、著者や出版社の名前を書くところがあります。表紙の絵を描いた人、これは装画って言うんだけど、装画はだれで、装幀はだれと書いてある。装幀という字が頭についてる名前がある本があるかな、見つけた人、手をあげてください」

ぼくは黒板に、「装幀」と書いた。

真っ先に見つけて手をあげたのは、夏夢郎くんだった。カムロウと読む。装幀がどんな仕事か、もうひと押しで理解してくれそうだ。

すかさず準備してきた教材を手にする。ぼくが装幀という仕事を説明するために選んだ本は、金原ひとみさんの『AMEBIC』だ。

まずは、原稿の束を見せる。

「これは、ぼくが装幀した小説の原稿です。『装幀を考えてください』という依頼はこういう状態でくるんです。これが本屋さんにあったらどう思う？」

「売れない。なんか、表紙とかもないし、色もないからあんまり売れない」

祐太朗くんが即答する。よしよし。

「いちおう原稿には『ＡＭＥＢＩＣ』というタイトルと『金原ひとみ』という著者の名前は書いてあるけど、これが本屋さんに積んであっても紙がぐちゃぐちゃになるし、クリップがはずれたら、バラバラになってページがわからなくなるね。読み終わっても本箱に入らないし、読みにくいね」

装幀の存在意義を理解してもらえたところで、次に装幀の原稿を見せる。

「ぼくの仕事はね、こうやって出版社から依頼された原稿を読んで、いちばんいいと思う表紙を考えることです。これが『ＡＭＥＢＩＣ』のためにつくった、装幀の印刷所に渡す原稿です。これに色の指定紙が一枚ついていて、『ここがＡという色、Ｂという色』、というふうに印刷の人に依頼する原稿です」

これは実物を見せての話だからわかりやすい。子どもたちはきょとんとすることなく、ぼくの話についてくる。

「図書室の本には帯がついていないけど、書店にある本は、内容を説明したり、おもしろさを伝える文章が書かれてる帯というものが、巻かれている。これが『ＡＭＥＢＩＣ』

の帯の原稿。それからカバーと表紙、それに中の扉。この四つの原稿で印刷してもらって、製本してでき上がったのがこの本なんだ」

装幀の四点セット＝カバー・表紙・扉・帯の校正紙を見せた。

「小学生や中学生を対象にした本は、カバーとおんなじデザインが表紙にも使われているから、カバーと同じ文字や絵を表紙で見ることができる。でも大人の本はカバーにタイトルとか絵が載っていて、表紙から絵がなくなっている」

子どもたちからは、この時点であまり反応がない。ぼくはかまわず説明をつづけた。

「本屋さんに行っても、こんな幅の広い帯がかかっている本はあんまりないよ。なぜこんな太い帯がかかっているのか。なぜ帯を太くしたか、いまから説明しよう。この本は若い女性の小説家が書いた小説なんだ。心が分裂して『自分の皮膚の感覚』、汗をかいているとか、暑いとか冷たいとかいう皮膚感覚でしか、何も感じとれない、信じられない主人公の女性の、日常を描いた小説。ぼくたちには皮膚があって、皮が中の肉や血管を守ってくれるけど、転んだときに、皮膚がすりむけて血がにじんだり、中の肉が見えることってあるよね。主人公は転んだりしていないんだけど、皮のはがれた肉をさらして生きているような感覚をもった人なんだ。ぼくが装幀で表したのは、そういう皮をむかれたようなつらさ、きつい、痛い、肌の感覚。それをこの色と、形状で表現したの。カバー全面は、皮のすりむけた肌を表現したオレンジ色一色。太い帯は、包帯なんだ。皮がはがれてかわいそうな人を太い包帯で包んであげた。痛い痛い小説を書くことでやっと生きる人の心を、包んであげたかった。こんなふうに考えてつくった装幀です」

ここまで一気に説明したところで、質問の手があがった。広大くんだ。

「どうしてオレンジ色のところが、なんかツルツルしているようなザラザラしているようなさわり心地なんですか？」

とてもステキな質問が飛んできた。

「鳥肌が立つって知っている？　急に怖くなったり寒くなったりすると、鳥肉の皮じゃないけど、ざらざらするでしょ。あの感じを出したかった。本って見るだけじゃなくって、実際に手に取ってさわってページをめくるものじゃないか。本の質感はデザインをする上でとても大事なんだ」

広大くんの質問はさらに続いた。

「さっき包帯の下のオレンジのところは皮がむけて肉だって言ったけど、ここの、ツルツルしているようなザラザラしているようなさわり心地をなぜつくったの？」

広大くんの質問はさらに、装幀の本質をついてくる。説明の順番など考えている余裕は完全になくなった。

「あのね、このタイトルの意味わかる？　アミービックっていうのは、アメーバみたいなって考えていいんだよ。アメーバってわかる？　〇・二ミリくらいの小さな生物。この生物は細胞ひとつだけで生きていて、口もなければ足もなくて、だけど生物だからちゃんとえさは食べる。ここに描こうかな……」

黒板にぐにゃりとした絵を描いて見せた。子どもたちがぽかんとしている。

「形は、ゲル状。みんな知ってるナタデココ、こんにゃく、アロエ、お豆腐などがゲル状っていう状態。アメーバって細胞ひとつで、近くに食べるものがあったらそこが突然口になるの。一個の細胞が薄い膜で覆われているだけで、これが分裂して二つになって、二匹になる。不思議な生物なんだ。金原さんの小説は、主人公をアメーバにたとえた作品だ。芋虫みたいに動いて、しかもすべてが皮膚。足でもあり口でもある。主人公は皮膚の感覚だけをたよりに生きている。君が気づいたカバーの皮膚は、アメーバの皮膚を、表紙の質感として表現した」

説明すればするほど、子どもたちがぽかんとしてゆく。

「下手か？　説明が」

ちょっと弱音をはいてしまった。

「本のデザインっていう仕事はね。広大くんが気づいてくれたように、質感、さわったときのイメージも原稿から読み出して、それを表紙に生かすんだ。この原稿にはどんな文字が似合うのか、この原稿はどんな色をしているのか、この原稿の内容はどんな触感をしているのかなって原稿を読んで考える。それをまとめていくのが、本の装幀っていう仕事なんです」

ひとりの手が元気にあがった。俊樹くんだ。

「質問。帯に書いてあった文章は、どうしてあそこを載せたんですか？」

「この文章はとても不思議でね。主人公の若い女性と恋人、その恋人の女友だちの関係を書いたお話で、そのお話を断ち切るように、主人公が混乱したときに書いた、何を言っているのかわからないような文章を差しこんである。主人公は、錯乱、つまり錯文って言っているんだけどね。その中の代表的な錯文を載せているんだ。さっき、何を書いているかわからない、何の絵かわからないけど、タイトルと絵でひかれた、読んでみたいって言ってくれた子がいたね、そういうのと同じ。なんだろう、この文章って人に思ってもらうために、あの文章を載せました」

この本で伝えたいことが、もうひとつあった。表紙のタイトル文字を極限まで小さくした理由だ。

「この本のタイトルは、君たちがふだん読んでいる本のような大きな文字で書かれていません。ぎりぎりのところへ小さな文字でタイトルと著者名が入っています。これはね、本の皮膚っていったいどこなのかな、と考えた結果こうなりました。中央に入っていたら、ふつうの本。ぎりぎりのところに入れることで、本の皮膚にみんなの意識がいくんじゃないかと思った。皮膚というのは体のぎりぎりのところにある。皮膚から先はない、人間の直接的な感覚器官としてぎりぎりのところ。主人公は皮膚感覚でしか生を感じられないかわいそうな人。そんな切なさを、文字を本のぎりぎりの位置におくことで気づいてくれる人がいるんじゃないかと思ったんだ」

この本は装幀だけでなく、本文のレイアウトもした。ノンブル（ページ番号）を不思議な位置に入れている。世間一般の約束事みたいなものも、主人公にはみんな疑わしい。だからふつう内側にあるノンブルを、ページのギリギリにおくことで、「皮膚だよ皮膚だよ、大切なのは皮膚なんだよ」と小説の大事なテーマに気づいてもらいたかった。ぼくの名前も変な場所に入れた。

「表紙はなんで黄色いんですか？」

色の質問がとんできた。これまたいい質問だ。授業の筋書きはつくっていないのに、子どもたちの目のつけどころの確かさで、すすんでゆく。

「大事なのはカバーのオレンジ色なんだ。皮膚がむけて血がにじんだ肉の色であり、トマトジュースの色でもあるんだ。それは、主人公がトマトジュースと、コンビニで買ってきたきゅうりの漬け物しかずっと食べていない。食べることも嫌なの。拒食症っていうのかな。そんな、オレンジ色に気づいてもらうために、黄色を選びました。黄色のそばにあると目立つでしょう。オレンジ色に気づいてもらうために黄色はある」

質問した子は、「うん」とうなずいた。

装幀の仕事とは何か、そろそろ総括してもいいころだ。

「ことばで表現された作品のイメージを、文字の姿、色や絵にして構成するのが装幀という仕事です。さっき君たちは質問に答えて選んだ本のいいところをことばにしてくれました。装幀は逆にことばを色や文字の形にする仕事なんだね」

これでわかってくれたようだ。子どもたちの質問は次の段階へと進む。

「デザインをするときに、全部、作品を読むんですか」

「さっき貴人くんが選んだお米の本のような図鑑は、読まなくても内容がわかるから読みません。小説は全部読みます。読みながら、小説に潜んでいる色や、文字のイメージを読み取る。それが本のデザインで大事なこと。もちろん装幀の仕事をする人のなかには、読まずにタイトルの印象でデザインする人もいます。娯楽の本であればそれができるかもしれない。娯楽の本は人を驚かしたり、怖がらせたりするために書いてあるから、この本は怖いぞ、この本はおもしろいぞ、ということを伝えるのだったら、怖そうな、おもしろそうな絵を使えば本の内容は伝えられるからね。でもさっきみんなが選んだような、タイトルを見ても表紙の絵を見ても内容がわからないような小説を装幀するには、読んで考えないといけないね」

ここで一時間目が時間切れとなった。

「では、午後の時間は、本のデザインをする上で大切な、イメージを鍛える勉強をしてみましょう。君たちがさっき本を選んだ理由、おもしろそうだったと話してくれた理由、君たちが抱《いだ》いたそういうイメージを文字や形にするためにはどうするか、どうしたらできるか、次の時間にやります」

廊下に出て、ふーっとため息をついた。

——どうですか？

ディレクターが声をかけてきた。

おいおい、ぼくのほうが聞きたいよ。まさにライブだもの。

緊張はまだとれないが、少し、あの子どもたちと話ができそうな気がしてきた。なにより装幀のあの質感に気づいてくれたのは、嬉しい。

子どもとこんな装幀の話をするなんて考えもしなかった。
うーん、子どもっていいな。

ぼくが知らない休み時間／子どもたちのおしゃべり

「装幀は、知らなかった」

「今まで本のデザインをしている人に出会ったことないので、すごいと思った」

「先生って六十歳過ぎているって聞いていたんで、おじいさんって感じがしたんだ。会う前はおじいさんって感じがしたけど、まだまだ全然元気で、期待はずれっていうんじゃなくてなんていうかがんばっている感じがした」

「原稿から、本をつくり上げるのをよく知りました。人間の皮膚と思わなかった」

「先生が皮膚って言ってたけど、鳥肌が立っているって言ってたけど、ほんとに人間の肌が、なんかザラザラして同じような感じがする」

「そんなふうに見たことないけど、今見て、なんであの本はザラザラだったのかなって理由がわかりました」

「先生の話を聞いて、ただスケッチしてデザインして印刷するだけだと思ったけど、最初に本を全部読んでそこからイメージを考えていくし、そこから先がずっと長く階段があるから、装幀にも何階段か分けて奥が深いなって思った」

「思いつきを大切にして、そこからいろいろ膨らませていく人かなって思った」

二時間目／教室で、文字で花遊びをする

二時間目の授業は教室ですることになった。テーマは文字とレイアウトだ。

装幀表現の要《かなめ》は文字にある、とぼくは考えている。とくに日本の文字は、文字そのものがビジュアルな要素をもつ。

文字のことをタイポグラフィーという。書体やレイアウトをはじめ、印刷方式から紙選びまで、すべてひっくるめた文字表現がタイポグラフィーだ。

はじめに構想したアウトドア授業がかなわなかったから、その代わりに、「さあ、どうやって教えようか」とあれこれ思いをめぐらし、ぼくなりに教材を準備してきた。でも、相手は「今の子どもたち」だ。ビジュアル世代と呼ばれる親をもつ子どもたち、多様な文字情報があふれた中で生きてる子どもたちだ。この子たちは一日ふつうに生きているだけ

で、テレビや雑誌や本や街で何十という数の書体に出会っていることだろう。もちろんさまざまな絵や写真に接触してもいる。一時間目に本を選んだときも、絵にひかれて手に取った子どもが多かった。

が、なるべくこの時間は、文字にみんなの力が入るように指導するつもり。手順は決めてあるけれど、うーん、むずかしいかもしれないぞ。

文字、文字、文字、文字、文字、文字、イメージ力、イメージ力、イメージ力……。と頭で復唱しながら教室へと向かう。

「お待ちどおさま」

ぼくは元気に二時間目の扉を開けた。

三階にある、とても清潔な教室だ。きっと一生懸命掃除をしてくれたのだ。ぼくの時代は木造二階建て校舎だったから、見える景色が全然違っていた。

「この時間は、きついぞ。君たちのイメージする力を強くしてあげるからね」

今度は何をさせられるんだろう、と五十四の瞳がいっせいにぼくを見つめた。

雅也くん、まりさん、由惟さん、楓さん、夏夢郎くん、信悟くん、この六人を指名して、黒板の前に出てもらった。

「ではチョークを持ってください。何色でもいいよ、あ、白だな。さあ、みんな漢字で花って書いてみて。自分の好きに書いていいよ」

「なぜ書くんだろう？」と首をかしげる子もいたが、黒板にすぐ大きいの小さいの太いの細いの、いろんな形の六つの「花」という字が書きあがった。

あれあれ、思ったよりも優等生な字ばかりになってしまった。字がうますぎてつまらないけど、ともかく授業をすすめることにする。

「文字って、じつはことばの姿なんだ。ことばの姿形が文字。だから書かれた文字は、花という意味をみんなに伝えると同時に、書かれている形でイメージも伝えるんだ。たとえば、この夏夢郎くんの書いた花という文字の姿から、どんな花をイメージする？」

「でかい花」

「強くて大きい花」

と声が飛ぶ。「具体的にどんな花？」と問うと、広大くんから「ひまわり」と答えが返ってきた。

「おめでとう。これがひまわりか」

よし、第一段階クリアだ。

「ほかにどんな大きいの思い浮かべる？」とさらに第二段階へといざなう。

「知らないなあ」と首をかしげるところへ、

「花びらがでかいとか」とたたみかける。

「花びらがでかい。コスモス？」

おもしろい、そのイメージ、買う買う。信悟くんの「花」の字はきゃしゃだった。

「パンジー」といったのは広大くん。

夏夢郎くんは「稲の花」

次は楓さんの字。ちょっと丸っこくてまじめな字だ。

「あさがお」、「からすうり」、「あじさい」、「バラ」などの花の名前が次々と出てくる。

どうしてバラなのかと問う前に、「なんかすらっとした感じで、大人の字。だからバラ」と理由を教えてくれる。

パチパチ、だ。ぼくは思わずほんとうに拍手をしてしまった。

由惟さんの字は、ちょっと変わっていた。

「とげのあるような花」と答えたのは亜耶さんだ。

いいぞいいぞ。よし、ここからイメージ力を鍛える第三段階へ突入だ。まずはぼくから考えるヒントをだす。

「この『花』の字は、彰人くんがさっき選んだ本の表紙に描いてあったサイみたいな感じがしないかい？　君の選んだサイを思い出しちゃった。サイの花なんてないけど、仮面みたいな感じかな？」

おもしろいイメージが返ってきた。

「土台がしっかりしている感じでクローバー。右側のヒの部分が左にきてぐいんってきているから、土台がしっかりしている。土に広がっているクローバー」

ふつうだと、土台がしっかりしていないからぐいーっとしているって思うけど、逆。土台がしっかりしているからぐいーってしても倒れないとイメージした。すごいすごい。

次の雅也くんの字は、わりあいまじめな字。

「うーん……タンポポ」と答えた滉くんに、「色を感じる？　形を感じる？」と質問する。

「黄色」

これは新鮮だ。字から色を感じてきている。

「クロッカスかな。下から栄養が、柔らかくきている感じ。それで上にのびている」

「クロッカスって水栽培？　それとも大地に生えている？」

ぼくに追加の質問余地がないくらい、子どもたちが発言しはじめた。

「あじさいかと思った」

「クローバー。ひらべったいから」

「あじさい」

あじさいをイメージした子が二人になった。

「おもしろいね。二人があじさいと言っただろう。あじさいのような字を書いてくださいって言ったわけじゃないんだよ。でも……」

「丸く感じる！」

とうとう、子どもたちは理由まで発見しはじめたようだ。

最後の一文字はまりさんの字だ。さっそく手があがった。

「スイセン」

ああ、そうだ。ぼくもそう感じる。たしかにこの中で比べると。ぴゅんぴゅんのびた草冠のあたりがスイセンだ。

「ユリ。そういう草冠がほかのと違って、そこがユリに見えた。白っぽく感じた」

「梅。中心部から真っすぐのびていて、上のほうがふさふさしている感じ」

授業開始からまだ十分とたっていないのに、子どもたちのイメージ力がぐんぐん頭をもたげてくるのがわかった。信悟くんの「花」の字にもういちど戻って試してみる。

「いろいろな花の名前が出たけど、最初に聞いた信悟くんの花のイメージにはこんなのもあるなって気づいた人はいる？　草冠、カタカナのサみたいのからの想像でもいいよ。下のお化けの字からでもいいよ。文字をばらばらにして考えてもいいよ」

「桜」

おおー、聖也くん、たしかにそうだ。でっかい桜の木にいっぱいの花が咲いている。

もういいだろう。花という一般名詞、つまり花全部をさしている字の姿に注目すると、具体的な花のイメージをもっていることがわかったはずだ。

「じゃあ次いくよ」

いよいよ、文字たちの出番である。

準備した書体は四タイプ。

「これは、実際に新聞とか雑誌とかテレビとか、いろんなところで使われている書体から『花』っていう字をコピーしてもらったんだけど。こんなイメージがあるよって、出てきて言ってください」

「これがサボテンみたい」

「これ、花っていうより、草に思える」

「この花がタンポポ」

「しゃれじゃないけど、花火に見える」

あはは、花火はいい。当たり、大ヒットだ。

「花じゃなくてもいい？」と聞いてきた子がいる。夏夢郎くんだ。

「えーっとこれがなんか筆で書いた感じだから、竹」

今度はぼくが驚く番だ。イメージが大人っぽすぎる。

ぼくが「竹の花でつくったお茶」と聞くと、夏夢郎くんは「五十年に一回しか咲かないんじゃない？」とませた答えを返した。

「そう、ぼくも五十年ぶりに来たんだよ、ここに」

「ちょうど？」

「いや、正確には四十九年ぶりかな」

話が脱線するのも楽しい。

ひろみさんは、「この花が彼岸花《ひがんばな》。お化けが出てきそうだから、お葬式の参列によく咲いている彼岸花にたとえたらいいかな」

やはりそうか。人気のある書体と手つかずの売れ残り書体とがある。

「だれか買ってイメージつけてよ。どうぞ」と、とんだ花売りおじさんになる。すると花の字を名前にもつ花衣さんが助け舟を出してくれた。

「これ。トケイソウ」

ステキだ。ぴったりだ。時計の文字盤みたいな花びらがあって、その真ん中に針のようなおしべとめしべがあるトケイソウの、まさにそのイメージだ。

次は聖也くん。

「いぬのふぐり」

よく見ている。やっぱり、ふだんから注意深くものの形を見ていることが大事だ。そうやってものが見えてくるんだな。それも蓄えがないと見えてこない。イメージってたくさんいろんなものを見たり、読んだりすることで豊かになる。それは花だけじゃなくていいんだ。車が好きだから車を見ていても、車の形から、車がイメージするものが見えてくる。大事なのはやっぱりよく見る、よく読むってことなのだ。

広大くんが「これが何となくしいたけに見える」と笑わせてくれたのをきっかけに、子どもたちのイメージは一気に花以外にひろがった。

信悟「これここらへんがとんがっているから、画鋲《がびょう》に見える」

彰人「これがししまいに見える。シーサーに似ている。怒っているみたいな」

まり「これがなんか、ねこじゃらし」

琴子「これがスイートピーっぽい」

広大「これがホテイアオイ」
夏夢郎「これがね、なんかくねくねして動きそうだからおじぎ草」
祐太朗「これがまた花じゃないけど、下の部分のほうが長くて、そこを根っことしてみて、雑草に見えました」
雅也「茎にとげがある感じだから、バラ」
ぼくもつられてつづける。
「バラ。そうね。いちばん最初はサボテンだったけど、やっぱりこれが特徴あるよね。
最後の二人、一緒に出てきて」
由惟「これが、形がすごいきれいだからユリ」
敦「この字が柔らかいから、わかめ」
文字から形を連想する……このままずっと、子どもたちの自由な発想を聞いていたかった。だが授業時間には限りがある。
「よく覚えておいてほしい。イメージを呼び出すのは、形の力だってわかっただろう。みんながイメージする形を整理していくと、デザインという仕事に行きつくんだ。デザインの仕事は、バラの花のイメージを人に伝えるためには、どういう字を使うのがいいか考えるのが最初の一歩」

授業は、文字の次の段階、大きさが喚起するイメージの違いへと続く。

ぼくは、用意してきた、大・中・小のゴシック書体を黒板に貼っていった。活字はもちろん「花」の一文字、書体はさっき子どもたちから「太いからひまわり」「サボテン」「ごっつい桜の木」など、強い大きい、しっかりしたイメージが出た書体である。

同じ書体の花の字だと確認したあとで、

「この大きさで見たときと、この大きさで見たときはどうだろう？　変化するかな。大きさが変化するとイメージはどうだろう」と質問してみる。

「違う花に変化して見える」

「色が薄くなっている」

「小さくなると淋しく感じる」

「弱くなる」

「ひとりぼっちって感じ」

「小さくても強い」

小さくても強い花ってなんだろう。タンポポか。ひまわりみたいに大きくなくても強い。だからおなじ書体でも小さく使えばイメージが変わる。それでいて、やっぱりその花のもっている強さが出る。それに気がついてほしい。

「淋しくなるっておもしろいね。文字が小さくなることによって、君たちの中に生まれるイメージ。気がついたら言って、ことばで言って」と聞いてみる。

「小さいとふつうの道にあるただの花みたい」

「大きいとでっかくて強くて、なんかすごい、みんなが知っているような花」

小さいと無名の野の花で、大きいと有名な花か。雅也くんからこんなイメージがでた。

「小さくても、太いから、クローバー。仲間がいる感じ」

「小さいとクローバーに見える花が、中ぐらいになるとどう見える?」

雅也くんは「中ぐらい……中ぐらい……」とつぶやきながら考えて、やがて「タンポポ?」と自信なさげに言った。

イメージが膨らんだ瞬間だった。

広大くんがまた花を飛び越えて発想をはじめる。「えーっと。その三つを道にたとえると、大きいのは、にぎやかな商店街で、真ん中が、バイパス。いちばんが暗い夜道」

そんなイメージも出てくるんだ。

つぎは明朝体の大中小の文字を黒板に貼った。

「これは中国の明の時代の書体をベースにつくられた文字で、明朝体といいます。さっきこの明朝体を見て、しっかりしているからとユリの花をイメージした子や、角がとんがっているからバラだって言った子や、画鋲って言った子もいたね。さて、明朝体で大きさが変わるとイメージはどう変わるだろう?」

ぼくは、最初にユリをイメージした由惟さんに聞いてみることにした。

「明朝体のこの大・中・小の文字で、やっぱりユリを感じるのはどれですか?」

「やっぱりいちばん大きいの」

「いちばん小さくなったらユリはどうなっちゃう?」

「えー……チューリップくらいになりそう」

「チューリップもこういう文字のイメージ?」

「小さくなると、そういう花になりそう」

同じ書体でも大きさが変わるとユリだって思ったものがチューリップに思える。お手本のような答えだ。お次は、亜耶さん。

「先がとんがっていたり、横棒が短かったり、全部おなじ太さじゃなくて、細かったり小さかったりするから、バラとかそんな感じに見える」

ゴシック体と明朝体の違いを見事に言い当てている。ぼくがゴシックと明朝の違いをひとことで説明せよ、と言われても、「ゴシックは全部同じ太さの字でそうじゃないのが明朝体」と答えるにちがいない。亜耶さんは、花だけではなくバラの樹全体をイメージしているようだ。

「どれが花でどれが枝だろう。枝のところにとげがあるね。字が小さくなるとどう変わるかな?」

「小さくなるとなんかとげが小さくなって、バラはバラなんだけど、小さくて弱々しいバラな感じがする」

「花屋さんで売っている大きくてぜいたくなバラが大きな文字だとすると、小さな文字は野原に咲いている野バラってとこだよね。ありがとう」

夏夢郎くんがじっとぼくを見ている。何を言い出すかわからない。だからおもしろい。

「言いたいか。どうぞ」とぼくは彼をまっすぐに見た。

「えーっと、いちばんおっきいやつは王様が堂々としている感じで、真ん中のがふつうの大人が子どもに対して堂々としている感じで、いちばん小さいのが子どもが虫に対して堂々としている感じ」

おそれいりました。

ちょっと子どもたちの頭を切り替えたくて、五分休憩を入れることにする。五分後、形の認識、大きさの認識ときたあとは、配置、つまり文字の置き方によってイメージが変わるおもしろさに気づいてもらう番だ。いわゆるレイアウト（構成）の初歩である。

問題はこうである。

「突然、町のかどっこに、花を売る人があらわれました。『ここでこれから花を売る』という看板をつくります」

材料は、パネルが一枚とバラバラの文字に磁石がつけてあり、パネルにつけたり取ったりできるようになっている。

「道を通る人に、ぼくはこれから花を大安売りしますって看板をつくってください。売る人の気持ちになってここに文字を置いてください」

つくるときの注意点は、「どうしたら人が花を大安売りしているのに気がついてくれるか。ほんとうに大安売りに見えるにはどう置いたらいいか、を考えること」

この課題は、プロのデザイナーでもむずかしい課題だ。デザイナーは、自分なりの方式を見つけ、正解に近いレイアウトを模索しながら仕事している。ぼくはそんな難問を子どもたちに突きつけたことになる。が、これがレイアウトのすべてだ、といっても過言ではない。

「さっきは、同じスペースの中で文字の大きさが変わるとイメージも変わることを経験しましたね。今度は花の大安売りしているよ、と伝えたい内容が決まっている。しかも安く売っている。それも考えてください」

ぼくは用意した「花」「大」「安」「売」「り」の五文字、大中小の三サイズをパネルに貼った。

最初に挑戦したのは夏未さんだ。

「花を大安売りなので、花をいちばん強調させて大きな字で、ふつうくらいで大安売り」

花の一文字を大きくしてある。でもパンチがない。お行儀がいいのだ。国語の時間と相反する無礼講のワザを伝授する。

「大安売りっていう、元気そうなところがないんじゃないか？　どうしたらいいかな？　たとえばね、文字はね、真っすぐ置かなくてもいいんだよ。斜めに置くとこうしたって元気で一生懸命やっている感じしないか？　同じ大きさの文字でも、位置が変われば、元気で、あの花屋は元気そう、あんな元気なやつが売っている花はいきがよさそうだって思ってくれるかもしれないよ」

次に、一度も前に出ていない紗和子さんを指名する。

「ひとつ変化がついたね。大きく、『大』を目立たせて。ほかの文字をあっちこっちに置いたね。どれかひとつだけでも何か方向つけるとどう？　もう一回並べ方変えてごらん。大小の組み合わせはいいけど、堂々と真ん中にあるからいちばん目立ちそうだけど、何にも書いてない余白が多くて、人の興味がわかないんだよね。どうしたら無駄な余白を少なくできるかな。もっと『花』って字を強調するために、余白を使うことはできないだろうか。君の選んだその大きさだけで、何か考えられないかな」

紗和子さんは黙りこんでしまった。余白の魅力を発見してもらう絶好のチャンスだ。余白はデザインの有力な武器のひとつだ。ここは、お手本を見せるしかないだろう。

「『花』と『大』だけを大きく並べると余白の力で、人は一生懸命探すんだね。『何を大安売りなんだ?』『あ、花か』『花がどうしたんだ?』『大安売りか?』といった具合に、余白が目的に対して働いてくれるんだね。こういうことがレイアウトの力なんだ」

大きい活字は十分に使われたから、最後に今まで発表しなかった俊樹くんに、いちばん小さい字を使ってレイアウトをしてもらうことにした。

俊樹くんのレイアウトはたくさん工夫がしてあるのがわかる。

「君はどうしてこういうレイアウトにしましたか?」

「小さいからあんまり目立たないので、何が大安売りなのかを先にわからせるために、花だけを斜めにしました」

レイアウトの試験問題があったら、これはひとつの正解だ。でも、このレイアウトの弱点は、余白に緊張感がないことだ。

「文字のないところを余白といいますが、それも人の目をとめるのに大切な部品なんです。この白い余白をもっと効果的に使う方法はないかな。『大安売り』をもっと人の目にひきつけるように」

とさらに余白の力にチャレンジさせる。

広大くんが、チャレンジする。かわいいけど、小さい花ばかりを売っている花屋さんみたいだ。

「この花屋はひまわりもあれば、サボテンの花もあるんだ。もう少しそこをなんとかしてくれないかな」と注文をつけて、広大くんに再チャレンジしてもらう。

必死に小さな活字を並べようとしているが、なかなかうまくいかない。なにをしようとしているか、ぼくはすぐにわかった。小さい活字で、大きな花みたいに並べようと苦労しているんだ。労多くして効果の大小がわかれる古典的な手法だ。

「どういう意図か?」と聞いてみた。

「小さい文字で、なるべく、大きく花に見せようかなって」

日本の文字は、横書きか縦書きかの約束事がある。広大くんのレイアウトは、縦組の法則にあっていると言えばあっているが、やはり緊張感がない。余白の使い方が変わっていないのだ。

「もっとへんちくりんに空間を使ってみたらどうだい？　変わるよ。じゃあ、俊介くんチャレンジ」

俊介くんが別の方法でチャレンジをはじめた。なるほど。横組の日本の文字をこんなふうに考えたのか。これは発見だ。

五つの文字が階段状に並んでいて、ひとつひとつの文字に残された空間が力を貸している。

こうして、この授業でいちばんおもしろいレイアウトができあがった。

最後にぼくが手本を見せることにした。

通る人の、目をとらえないといけない。どうしたらここで花を売っていることを気づかせられるか考える。

ここに紙が貼ってあって、何も書いてなかったら人は困るんじゃないか。「何にも書いてない紙ってなんだ？」って注目してくれるんじゃないか。

使える文字も小さいのしかない。ぼくだったら……。

「この画面の中でいちばん目立たないところに、こんなふうに活字を置きます。のんきに歩いている人が『なんだあの白い紙は。あんなところに紙を貼っちゃいけないんだぞ』とのぞきこんで、よくよく見ると『花大安売り』とわかる。何にも書いてない白い紙が目的の場所に注目させる矢印のかわりに使える。ここには矢印は書いてないけど、矢印の役目がある。文字のレイアウトでこんなこともできるんです」

小さい文字でも人の注意をひくことができる。レイアウトの力を子どもたちはわかってくれたようだ。

と、ここまでが二時間目。ぼくが考えるレイアウト入門、第一段階の終了である。

三時間目／「生きる」の詩と対面する

教室からコモンスペースという部屋に移動する。何なんだ、コモンスペースって。

「ふだんは何の部屋に使っているの？」

「テレビを見たりします」

「信じられないだろうけど、テレビなんかなかったんだぞ。ぼくのころは」

「理科のビデオを見たりもします」

コモンスペースは、清潔な居心地のいい部屋だった。子どもたちは教室にいるときより、少しくつろいでいるように見えた。

はたして、子どもたちは谷川俊太郎さんを知っているだろうか。授業はそこからスタートした。

「谷川俊太郎さんという詩人の名前を聞いたことありますか？　知っていたら、手をあげてください」

子どもたちの手があがった。教科書にはまだ出てないから、谷川さんの本で知っているのだろうか。谷川さんとは長いおつきあいがあって、谷川さんの本を何冊も装幀している。とてもすてきな詩人だ。

長い詩はたいへんなので、「生きる」という詩の冒頭の七行を選んだ。

子どもたちに、この二日間の授業のテーマをはじめて告げた。

「この七行の『生きる』という詩の装幀を考えてください。この詩にどんな表紙が似合うか。どんな表紙が必要か。文字で書かれた本は、読んでみないと何が書いてあるかわからないよね。漫画だと本屋さんでパラパラ見たら内容がわかるけど、小説や詩は読んでみないとわからない。今日みんなが選んだ本でも、『タイトルと絵は興味があるけど、どんな内容かわからない。どんな内容かわからないけど、読んでみたいな』って表紙で選んだ人が何人もいたね。それと逆のことをします。

この詩に似合う、こんな表紙なら人が読んでみたいなって思う表紙を考えてほしい。そのためにまずこの詩を読んで。本の表紙に必要な文字、色、必要なら絵も見つけましょう。描ける子は描いてもいい。描けなかったら図書室で探して、ピカソの絵がいいなら写してもいい。文字だけでできる子もいるかもしれないね。

さっきいろんな文字の姿を見たね。それから最初に図書室で君たちが選んだ本には、教室で見た白黒の文字とは異なる、色のついたいろんな形の文字があったね。あんな文字を思い出してもいい。必要なら図書室に行って見てきてもいいんだ。そうやってこの七行の詩の中から、君たちひとりひとりが、この詩の色、文字の姿形を見つけてほしい。学校にどんな画材があるか知らないけど、君たちが使っていい画材のどれを使ってもいい。文字には色をつけてもいい。白黒でもいい。まずそのためには詩から、ひとりひとりが感じるイメージを受け取ってほしい。そしてそのイメージをことばにしてぼくに話してほしい。谷川さんの『生きる』はこんなイメージだってことばにしてほしい」

これだけ前置きしてから、「まずでっかい声で読んでください」と言うと、手をあげたのは、夏夢郎くんだった。

生きているということ
いま生きているということ
それはのどがかわくということ
木もれ陽がまぶしいということ
ふっと或るメロディを思い出すということ
くしゃみをすること
あなたと手をつなぐこと

堂々とした、いい朗読だった。

この詩には、ひとつ謎がある。「生きているということ　いま生きているということ」と二度くりかえしているところだ。同じようなことだけど全然違う。まあ、これはおいおい考えるとして……。さあ、こんな短い詩から、子どもたちはどんな文字や色をつかまえてくれるだろうか。

ぼくはヒントをあげた。

「まず『生きる』というタイトルの詩だけど、最初の二行、生きているということ、いま生きているということ。これは著者がみんなに問いかけているんだ。谷川さんはこんなふうに思うって五つの行をつくった。『それはのどがかわくということだ』、のどがかわくってどんなときだろう。みんなはどんなときにのどがかわく？」

質問が具体的だと答えやすいのだな。答えがぽんぽん返ってくる。

「なんか暑くなったり……運動をよくしたとき」

「緊張したとき」

「疲れたとき」

「水を飲んでいないとき」

「寝起き」

この答えにぼくはついこう聞き返した。

「お酒を飲むと、寝起きにのどがかわくんだ」

おっと、これは失言だった。相手はまだ小学生である。

「寝る前」

「お風呂とかあがったとき」

谷川さんは、のどがかわく理由を何も言っていない。装幀するときには、自分はこういうときだ、と考えることが、文字の色や表情を見つけるヒントになる。

次に、木漏れ日がまぶしいということ。子どもたちは何を思い描くか。

「寝起き」

朝日がさんさんと入る部屋で寝ているな。

「暗いところから明るいところへ来たとき」

「お化け屋敷を出たとき」

「う――ん」

言いにくいのかな。「そっと言えばいいんだ」と助け舟を出す。

「本とか読んで、すぐ顔上げるとまぶしい」

なんだ、気になる女の子の顔を見るとまぶしいとでも言うかと思った。

「いろんな人の視線が自分に当たっているとき」

自分がまぶしいと思うのか、注目を浴びている人がまぶしいのか。

「空を見上げたとき」

「朝カーテンを開けたとき」

「夜間に車を見たとき」

「外に出たとき」

次は、ふとあるメロディを思い出すとき。

目の前にいる子どもたちは十一〜十二歳だ。ふっと思い出すことってなにかあるのだろうか。

子どもたちは口をつぐんだ。

「なんかいやだけど思い出しちゃうんだ、とか。いつもあのときの楽しいことを思い出すなんてことないかな。そんな中から意外と色が見えたりね。最初にハンバーガーを食べたときの味は忘れられないとか、ハンバーグのムクムクした形が見えてきたり、それが文字の姿になったりする」

ぼくはことばをつないだ。

もうひとつ。くしゃみをすること。

これは反応が早い。

「こしょうとか、匂いをかいだときに出てくる」

「寒いとき」

「太陽を見たとき」

「花とかのそばで鼻を近づけたとき」

「ティッシュで、鼻をくすぐられたとき」

「鼻にゴミが入ったとき」

花粉症に悩まされている子がいるかどうか聞いてみると、何本も手があがった。

「鼻をたたかれたとき。お母さんに」

あはは、これはおもしろい答えだ。

最後の一行。あなたと手をつなぐとき。

人と人が手をつなぐときは、たくさんあるけど、子どもたちはどう答えるだろう。

「自分が手をつないだ思い出、記憶、またはあの人と手をつないでみたい。あの人のやっていることは正しい。あの人と連帯して悪と戦うってときも手をつなぐんだよ。どうしてあの子はクラスの子をいじめるんだ。その子と手をつないで戦う。それも手をつなぐことだ」

などとヒントを言い連ねてから、

「人と人が手をつなぐって、どんなときだろう」と聞いてみた。

「腕相撲」

「運動会で、一年生が入場行進するとき、六年生と手をつなぐ」

「野球とかの試合のはじめごろに握手したりする」

「あいさつ」

「握手」

「首脳会談」

手をつなぐのは、好きな人と手をつなぐだけではない。もっと広い人と人がつながる暗示になっている。そこまで気がついてくれたら満点だ。

これからがイメージトレーニングの第二段階。

一行一行を、自分の経験や体験を総動員して、もう一回この詩を読んでみる。第一印象よりもっと深い心の底からイメージがわいてくるのが実感できるはずだ。

幸い子どもたちは、図書室での本選びからして、いい感覚をもっている。本を選んだ理由が、はじめから「かわいい」「きれい」だけで終わっていなかった。じつは、子どもたちが「かわいい」「きれい」のレベルから次の段階に成長するのは、二日目だろう、と考えていた。

その予想は大きく外れて、子どもたちの感性の扉は、個人差はあるがすでにほぼ全開。二日目の授業をクリアしている。鋭いし、豊かだ。

「ちょっと先生、困っているけど……」と言いかけて、あわててことばを飲みこんだ。まだ教壇に立って、ピッチャーとキャッチャーを同時にひとりでやっているようなものだ。こちらの心理状態は、子どもたちにすぐに見ぬかれてしまう。

ぼくは早々に秘策を伝授することにした。

「秘密を教えてあげるけど、本を読むってことは、じつは本に書かれていることを読んでいるんじゃなくて、自分自身を読んでいるんだ。つまり自分が読める力でしか本は読めない。本をたくさん読んでいろんな人の心の形を知っている人は、あの本ではこんなことを言っていたけど、この本ではおんなじことをこんなふうに感じる人がいるんだ、と読める。たくさん本を読んでいた君だから、君が読み出せるの。つまり本を読むってことは自分自身を読むことなんだ。一行一行、自分ならどうか考えること。それが自分を読むことになる。

この詩を装幀するためには一行一行に自分の体験や記憶、思い出、自分の願望、希望、夢、そういうのをかさねて読むこと。自分が読めたら、それを文字の形や色にして、装幀につくるんだ」

子どもたちが黙りこんだ。感性の扉の次は、思考の扉を開く番だ。

「さっき一行ずつ、読むヒントをあげたけど、二行、いっしょに考えてもいいんだよ。くしゃみをすることとまぶしいのは似ているね。さっき暗いところから明るいところへ出たらくしゃみが出たって言ったね。まぶしいとかくしゃみって同じようなイメージをもっているね。そんなふうに考えてもいい」

「考えを言ってもいいんですか?」と祐太朗くん。

来た、来た。来たぞ。

「生きるの最初の二つの行は、意味を考えたけど、これは読者に伝えていることで、あなたは今生きているので、生きていることを一生大切にしなさい、ってことだと思った」うん。「なぜそう思うか」「どこがそう感じさせるのか」を説明してもらう。

「生きている、っていうのは、書いたり読んだりできるのも生きているからできることで、まあ、だから……、そうできるように生きていけばいい」

谷川さんがいたら、パチパチ拍手するだろう。

むずかしそうな顔をしたままの子がいた。琴子さんだ。

「君は何か感じますか？」と球を投げると、「えー」ともっと困ったような顔をする。困ったときにはもっと相手が打ち返しやすい場所に、球を投げてやればいい。

「詩の中で君が気になる一行を教えて」

「あなたと手をつなぐこと」

「うん。そこを考えてみて。あなたと手をつなぐことって、もうつないだことがあると思う？　つないだことがあるから、つないだときの喜び、満足感があるから、生きるってことはもう一度あの子と手をつなぐこと。たとえばたまにしか会わない優しいおばあさんと小さいとき手をつないだ、そういう記憶が、重なるときもある。君の中でその一行につながるわけを話してくれないかな。どんな体験がありますか？　漠然とした夢ですか？」

「えー」

「では、これからお昼の時間になるから考えてください。お昼食べるのをそっちのけにして考えてください。生きるってことがあなたと手をつなぐことだという、そのわけを教えて」

そろそろ昼休みだった。琴子さんに昼休みに宿題ができてしまった。

子どもたちからは、どんどんイメージがわいてくる。

「あなたと手をつなぐことっていうのは、生きているうちは手をつなぐことができるけど、死んじゃったら手をつなぐことができなくなるから、生きていることを大切にしよう、って谷川さんは言っているのかな」と由惟さん。

俊樹くんは、「ぼくは、何気ないことも生きている象徴だから、そういうことを実感して生きていくようにしたらいいって谷川さんは言っていると思います」

谷川さんがここにいたら、またも拍手するにちがいない。ぼくも思わず拍手してしまった。

たしかに五つの出来事は何気ない。大きなことを言っていない。でもそれがどうして生きていることにつながるのか、小さいことがなぜ大切なのか。お昼ご飯を食べたら話してくれるよう、俊樹くんにたのんだ。

「じゃあ食事の時間にしましょう」

と教室を出ようとすると、ふと広大くんの何か言いたげな目とぼくの目が合った。

「詩が短すぎるのかい？」

「感じたりするのが、小さいことでも二度と戻ってこないからってことじゃない？」

「二度と帰ってこない？　生きてようが？」

「ううん」

「ひとつひとつのことがかい？　くしゃみをしたりそうした小さなことが」

「時間は戻ってこない」

「うん、うん。すごいな。間違いないよ、その筋で追求して間違いない。それで色や形考えてごらん。小さいことって言ったよね。一回一回って言ったよね、いつもじゃなくて。筋はいい。望みはある」

ぼくは、明るい気持ちで、教室を出た。

教室を出ると、ディレクターが待ち構えていた。

――クラスの子どもたちは、どうですか？

聞かれるまでもない。優秀だ。美術学校より反応がある。ぼくは笑い飛ばした。

「ほんとうに反応がいい。イメージの時代に生きているんだ。イメージに取り囲まれて生きてきた。イメージを消費することはぼくらより上手かもしれない。しかし、これから自分がつかんだ一行、それはことばという物体、それを文字や色といったイメージにする。つまりイメージを生産する立場になる。さてどうなるかな」

――寝ないで考えたかいがありましたね。

「はっはっはっ。はー（やれやれ）」である。

ぼくの昼休み／なぜ「生きる」を題材にしたのか

詩や小説を読むとは、自分を読むことだ。読む力は多くの本を読むことでつく。知識の数ではない。自分の心を広く深くしてくれるのだ。

谷川俊太郎さんはそれをよく知る詩人だ。人が自分を読み、考える装置として作品はある。

「生きる」という詩は、読者ひとりひとりが、自分の「生きる」を考えるための詩なのだ。

作品に、そんな一行があるわけではない。くしゃみをすることが生きることだとか、握手をすることが生きることだと、詩人の感情を書いたものでもない。「生きる」という詩の最初の七行は人間の五感という原基と、そのありようを記し、読者のひとりひとりに

「生きる」ことの何たるかを考えさせるためにある。

詩は、読者の「生きる」を映す鏡になっているのだ。以前、この詩には謎があると書いた。「生きているということ／いま生きているということ」のくりかえしが、ちょうど鏡に映った虚像と実像のように、二行が空間化して読める（見える？）。「いま」のついた二行目に読者が誘いこまれる。そんなふしぎを生む「いま」が謎なのだ。

この詩を取り上げた理由は、授業のテーマを「イメージをもつこと」にしたからだ。ひとりひとりが自他に対するイメージをもち、それを関係の中で刻々と刷新していくことが生きることだ。

イメージをもち、それを表現するのは芸術家だけではない。自動車会社の技術者や営業マンも、今の日本に必要な車はなんだろう、とイメージする。そのイメージ力が必要なんだ。農業にたずさわる人は、健康な野菜、おいしい野菜はなんだろう、とイメージする。そしてイメージした野菜を実際につくりだす。さまざまなむずかしい状況を克服して、自分の理想とする車をつくる。エネルギーを持続する。そのためにはひとつひとつの問題にイメージをもち、広げ、それをことばにして人と意思の疎通をはかる。

多くの人は、イメージをもたないで、世の中の流れにそっていく。自動車会社にいたってみんなが車を愛し、つくっているわけではない。ただ給料もいいから、という理由だけでたずさわる人は不幸だし、そんな人たちがつくるものがあふれる社会はゆがんでいくと思う。

それぞれの仕事で、ぼくは装幀という仕事で、理想の装幀を追いつづけていく。装幀はどうあるべきか、理想がある。イメージがあるから、イメージをひとつひとつを実現し、追いつづける、それが生きることだ。

ぼくは、装幀という表現を、人々のコミュニケーション（意思の疎通）のひとつの回路として意識している。有名な芸術家の絵だからきれいだではなくて、自分のイメージで、その絵を価値づける。自分のイメージを自分のことばでコミュニケーションをはかる。

その持続こそが、生きる、ということだと思う。その戦いからおりたら死んだと同じ。傲慢な言い方かもしれないが、イメージ力があれば、不可能な条件下でさえ道は見つかると思う。

四時間目／家庭科教室で、装幀をしてみる

午後の授業。子どもたちがはじめて装幀に挑戦する。

「はい、自由につくりましょう」ではつくりっぱなし、「ああ、おもしろかった」で終わってしまう可能性が大だ。

確認しておくと、ぼくの授業の主眼は、まず文字のおもしろさに気づいてもらうことだ。

ぼくは、文字と表紙にする紙を用意した。

文字は三書体。おのおの大・中・小と、計九種類ある。

三つの書体は、明朝体の「細」「太」、ゴシック体の「細」「太」、楷書体である。

表紙はA4（二一〇×二九七ミリ）を折って表裏にする。

準備オーケー。授業開始だ。

教室は、家庭科の授業をする家庭科室だった。

机が礼儀正しく並んだふつうの教室よりも、ものづくりの神様を迎えるのにふさわしい場所だ。子どもたちは思い思いの場所に座ってぼくを出迎え、何がはじまるのかと一斉にぼくを見ている。

装幀づくりの手順の説明を、ぼくははじめた。

「自分の読んだイメージにはこの書体があいそうだ、とまず選ぶこと。それを、決められた表紙に貼りこむこと。今回君たちがつくる表紙はこのサイズです。パワーのある子は裏表紙まで考えてもいい。まず今日の仕事はこの表紙にどんな文字の『生きる』をどのように置くか、です。たとえばカーボンも用意してあるから、カーボンでこの字を写してもいいし、ぼく、この字だったら書いたほうが早いって子は、好きな色で書いてもいい。貼った上にいろいろな色をつけてもいいです」

子どもたちが日常目にしているテレビや雑誌、教科書には文字の回りを加工した、くくり文字や袋文字、影付きなんて複雑な字があふれている。そんな書体で書いてもいい。「何でもあり」と言ったあとで、デザイン的にはいちばんむずかしいことを言い添えてみた。

「でも、わたしはこの谷川さんの詩は、白と黒のイメージだから白い画用紙に黒い文字だけでいいんだ、って自信もって言う人は、それが人に理解してもらえるという理由をことばにできたら、それもあり」

子どもたちがどんな装幀をするか、正直ぼくにはまるで見当がついていなかった。子どもたちが今朝いちばんで選んだ、好きな本の装幀には絵も写真もあった、質感へ興味を示した子もいた。ひょっとしたらこの一時間で絵まで描く子が出てくるかもしれない。

「まずは文字ととっくんでください。貼るもよし、なぞるもよしです。この部屋にある画材や道具のことは知っていると思うから、あんな色がつけられる、あれを使えばこれもできる、というふうに、ぼくをおびやかすようなデザインを考えてほしい。そう、ぼくをおびやかしてください」

と言っても、みんなが一度に押しかけたら混乱してしまう。六人ずつ文字を選んでもらうことにした。もちろんみんなが同じ文字を選んでも、足りるように用意してある。

「失敗したらまたあげるからね」「ほら、本って表紙の紙と中の紙の厚さがちがうだろう。

表紙と同じ厚さだったらバリバリって……」などと言いながら、子どもたちに表紙の紙を配っていった。

子どもたちが、書体の前に集まったところで、また説明する。

「三つの違う書体があります。ひとつの書体で大中小ってそろえてきた。全員が同じ書体の小さいのを選んでも足りなくなることはないから大丈夫。わたしのイメージはこんな書体じゃだめだ、という人もまずはこの中から、自分のイメージに近いもの、まあまあこれなら許せるってやつを選んでよ。三つの書体と大中小を混ぜてもいいよ。混ぜるのもワザのひとつだ。ただしぼくに説明できなきゃだめ。説明がつくなら何をやってもいいよ」

「ごちゃまぜでもいいの?」

聞き返してきた子がいる。

「ただし、理由がちゃんとしてないとだめだよ」

「理由?」

丸い目をしてまた聞き返してくる。

「だってあの五行は、言っていることがばらばらだろう。のどがかわいたり、くしゃみをしたり、手をつないだり。手をつなぐイメージはこの字で、くしゃみはこの字だ、なんて理由を言ってくれればいいんだ」

子どもたちが紙に手を伸ばしはじめた。

「文字をどういうふうに置くか、どんな色にするのか。もっと先まで考えて、こういう絵をつけたいという子は、ここは絵を入れるために空けときますっていうのも、答えのひとつだからね」

ここから先の授業風景をことばにするのはとてもむずかしい。

四方八方から矢が飛んでくるように、子どもたちは順番も何もおかまいなしで、ぼくのところに「これでいいですか？」「もうノリで貼りつけてもいいですか？」と、これまた矢継ぎ早に聞きに来るのだ。

そのたびにぼくは、「もう少し、考えて」とか、「貼っていいけど、貼ってからどうするか考えな」と、対応に追われた。

ひとつ、いい質問が飛び出す。

「文字を四角いまま貼るんですか？」

たしかにコピーした文字は四角に切ってある。

レイアウトの秘訣を披露するのに絶好の機会だ。

「四角いまま並べると、文字と文字の間に余白ができるね。前の時間でも言ったけど、余白は大事なんだ。余白が声の大きさになっちゃう。実際に文字は声がでないけど、字と字を隙間《すきま》なくくっつけると、とても速く『生きるッ！』と言っているように見えるだろ、隙間をあけるとゆっくり『生ーきーるー』と言っているように見える。自分の『生きる』は『生きるッ！』なのか、『生ーきーるー』なのか、考えてみてほしい」

文字の回りを切り取って貼ると、声のしない文字から声が聞こえてくるのだ。数人の子どもたちが、手にしていた文字の縁を器用に切り取り、表紙のあちこちに動かしている。どんな「生きる」の声を聞いているのか。

おもしろい字配りをしている子がいた。信悟くんだ。「生」と「き」の間を大きく空けている。

「自分でこの字を書いてもいいですか」と言い出した子もいる。ぼくは内心にんまりして「いいよ」と答える。

子どもたちが選んだ文字の字配りから、いろんな声が聞こえてきた。いい声、悩んでいるような声、怒っている声、元気な声、複雑な叫びのような声、人の倍生きたい、欲ばりな声……。

悩んでいる子には、「失敗してもいいんだよ」と声をかけた。

子どもたちの書体やサイズに対するセンスはとてもいい。テレビやマンガといった視覚メディアで育った世代の、これは特質かしら。「生きる」にこんなに読み方がある、と字配りで気づかされたのはぼくのほうだ。

カーボン紙を使って自分なりに複写をはじめる子や、色をつけはじめた子もいる。立体的に浮き上がった字をつくりはじめる子や、切り方の加減で影文字のようなものをつくった子もいた。

子どもたちの進行具合はばらばらだ。色や絵を考えはじめている子もいれば、まだコピーの文字が入っている箱にしがみついている子もいる。

子どもたちに何が見えているのか。ぼくはわからないままだ。が、とにかく表紙づくりが進んでいることはたしかだ。

作品を見て、声をかける——ぼくは必死にそれをくりかえした。

「いい色だね。赤ちゃんが青空に向かって生まれてはじめて万歳ってやったみたいだ」

「おもしろいね、つづけて。でも影だからって黒とは限らないよ。赤いリンゴには、赤い影がつくこともあるからね。だから君の『生きる』の影は青や黄色かもしれない。よく考えてごらん」

「おお、いいぞ。堂々たる生きる、われは生きる。絵は見えてこないか。それなら絵は見えてこないということを文字で、人にわかってもらえるようにしなければならない。どうすればこの字をもっと強くできるか？　君の『生きる』のイメージに絵はいらないんだってことを、文字で表現することができるか。考えて」

「わからない」と音を上げたのは友一くんだ。

「これは答えじゃないけど」と前置きして、テクニックを伝授する。

「余白をなくしちゃうのさ。文字の回りの四角い白だけ残して、表紙は全部黒くぬりつぶして絵を描くスペースをなくすと、絵を描くことを拒否したと人の目に映る。余白があると、もっと何かやりたかったのに残った、と人は誤解する。自分の考える『生きる』は余白はいらないんだ、と黒く塗りつぶすことで表現するのもひとつの方法。半端な余白は誤解されて損するんだ。いらないなら、いらないって宣言したほうがいい」

「残された余白も君の主張だからね」とも、忘れずに言い添える。

「身近」というキーワードをつかんだ亜耶さんは、選んだ文字も威張《いば》っていない明朝体の中の書体だった。さあ、それをどこに置こうかと頭をひねっている。

文字を紙に置いたものの、先に進めずにいるのが信悟くんだ。

「悩んじゃったかな。何が足りないんだ？」と声をかけると、

「何がって……雰囲気がない」とプロ顔負けの悩みが返ってくる。

絵を描きはじめた子がいた。由惟さんが太陽の絵を描きながら、こう言った。

「生きるって、みんな太陽の下で生きているから、生きるって太陽と一緒にして描こうかなって思った。あなたと手をつなぐことって書いてあるから、ここに手をつなぐ人描きたい。太陽の下で生きている人が手をつないでいるのを描きたかった」

子どもたちどうしの会話も始まった。

由惟さんが、信悟くんのところへ行く。二人のデザインの構図はそっくりだ。

「ぼくのと似ている」

「なんでだろう？　同じことを考えたからかな。似ているとやっぱりダメかな……でも私はこういうふうに書きたい」

影文字のつくり方を聞かれたので説明をした。「影は、文字の右側におとすか、左側におとすかでイメージが変わる。何が違うと思う、光がどっちからきているかだ。右か左か。真上からなら下につくればいい。君の『生きる』は、光はどっちからきているのか。それを考えて影をつけて」

こう説明されて、愛さんは困った顔をした。

「全部に影がなくてもいいよ。ひとつだけでも」

ここまではきわめて順調だった。デザインのトレーニングを受けていないのに、早い遅いはあるけれど、自分のイメージを文字の形に置き換えることで苦労している子はいない。子どもたちは、みんなステキだ。ダメなところを見つけろと言われれば見つけられるかもしれない。でも、ひとりひとりステキなところばかりが見える。おこがましいが、教育ってその人のステキなところを見つけてあげて、ステキなところを応援することだと思う。ましてや義務教育の間は、ひとりひとりが自分の芽を見つけ、気づく時だ。それぞれの学科で先生がいろんなふうにほめあげても、子どもが真に受けるのは自分に合ったひとつだけ。どの子も必ずひとつはステキを秘めている。

ほめること。これが人を育てる最良の方法だと思う。

ぼくの授業に子どもたちは一生懸命ついてきてくれる。ぼくは、色がいい、形がいい、レイアウトがいい、と、いいところをほめまくった。

この二日間で大事なのは装幀のトレーニングではない。この子たちが詩のイメージをつかんで、そのイメージをことばにして、そのイメージを文字の形や色にする、それが大事なのだ。そのプロセスの中でほめられるときはほめまくる。それがぼくのやりかた。

子どもたちは着々と第一作を完成させつつある。まずは書体を選んだ理由を聞くのが楽しみだ。きっと、「はずれ」と言うこともたくさんあるにちがいない。「その読み方でこの書体を使うなんて」になるかもしれない、「そうかな。図書室に行ってごらん。君のそういう感想にピッタリした文字を使った本が見つかるはずだ」と立ち戻る場所を教えたりもするだろう。

「なぜそれほど人に伝えることに神経を使わないといけないのか」。なぜコミュニケーションの努力をしないといけないのか、自分がよければそれでいいじゃないか、と疑問をもつ子がいるかもしれない。そうしたら、ぼくはこんな話をするつもりだ。

「なぜ、自分のイメージを自分が思った字の形や色にしただけではクラスの仲間にも伝わらないのか。簡単に言えば相手の気持ちになって、形や色を、見つめ直していないからなんだ」

「どう見つめ直すの?」

と聞かれたら、何と答えようか。それを子どもがわかるように、どういえば言いか。じつは授業を進めながら必死で考えている。

自分のアイデアを相対化することを、どうやって子どもにわかるように伝えるか、正直に言うと、はらはらしながら子どもをほめまくっているのだ。

うわ、俊樹くんがやたらとデカイ字を使っている。欲ばりだなあ、いったい何年生きたいのか。

「六十五倍！」とくったくない答えが返ってくる。えらい！

かなり複雑な「生きる」を感じさせるデザインをしたのは、まりさん。

「こう見てもこう見てもいい」と言いながら、紙を縦横自在に動かしてみせる。いいデザインだ。

「太陽の色と、えっと、人間の皮膚、生きている人間の肌色を使って、あとは、くしゃみするときに、つばが飛ぶことが多いから水色を使って、三つに分けて描く」と色選びの理由を言いながら、俊介くんは色鉛筆で色をつけている。

信悟くんが「イメージがうまくいかない」とくじけそうになっていた。

「君は今どこで、何に突き当たっているのかわからないな。でもそれがきっと答えなんだろうね。君はこの詩の中心的なものをつかめているんだけど、形にならなくて悩んでいる。悩め、悩め」とぼくは励ます。

「やり直していいですか」と夏夢郎くんが聞いてきた。

「もちろん。時間があれば何枚でもいいよ」と答えると、

「おし！」と気合のひとことが返ってくる。

滉くんが自分の手のひらに赤の絵の具を塗りだした。どうやら手形をぺたりと押すようだ。

真菜さんは、「生」の回りの紙を切っている。

信悟くんは、下書きをしている。

友一くんは、字を紙に貼っている。

貴人くんは、字の紙をいろいろ置いて悩んでいる。

滉くんが、間違いを白で消している。

敦くんが、ひし形に色を塗っている。

夏未さんが、五線譜を書きはじめた。

亜耶さんは、木もれ日の絵を塗る。

夏夢郎くんが、「ひらめいた」と言ってカーボンを使いはじめた。すぐに「ダメだ、ふーっ」とがっくりした声が聞こえてきた。

「間違えた。斜めにしちゃった。真っすぐにするつもりだったのに」と新しい紙を取りに行く。五枚目だ。

やがて――、家庭科室の子どもたちは、動から静へと変わった。

ぼくは無言でみんなを見渡す――。

こうして、子どもたち全員の、装幀「生きる」第一作が完成した。

名前を確認して回収する。第一印象は、どれも色使いがいいことだった。

作品のデザインを云々《うんぬん》するつもりはもとよりなかった。

明日へつなげるため、子どもたちにはこの作品を捨てさせることをぼくは考えていたのだ。そのために、テキストへ戻る必要があった。谷川さんの「生きる」を今度はぼくが読んで聞かせた。

「生きる／谷川俊太郎／生きているということ／いま生きているということ／それはのどがかわくということ／木もれ陽がまぶしいということ／ふっと或るメロディを思い出すということ／くしゃみをすること／あなたと手をつなぐこと」

ここで、この詩の種明かしをひとつする。

この詩の五行は、人の五感ひとつひとつを指している。

のどがかわく。一行目は人間の味覚。口や舌、のどで味や飢え、充足を感じる。

まぶしい。二行目は人間の視覚。目で見る力。見る目は読む目でもある。あるメロディを思い出す。三行目。メロディは音、聴覚つまり耳の力。くしゃみ。これは臭覚、鼻の匂いを感じる力。手をつなぐ。これはまさに触覚だ。

人の五つの感覚が、生きる、生きている源だと考える。

この詩を選んだ、その理由を話した。

ちょっと長い話になったが、子どもたちは最後までじっとぼくの話に耳を傾けてくれた。

「ぼくがこの詩を授業の作品に使おうと決めたのは、その数日前に、ぼくの大切な友だちが病気で死んだからです。その人は胃の病気で、胃を全部切り取った。ところが悪い病気は胃から全身にひろがって、一週間後に死んだ。ぼくにはこの詩の『生きる』が『胃を切る』と見えた。まさに『胃、切る』だよね。『生きる』という詩を見て『胃を切る』イメージがかさなって、『死んでいるということ、いま死んでいるということ。死んでしまったから、それはのどもかわかないということ。まぶしいとおもわないこと。ふっとあるメロディも思い出さないこと、くしゃみもできない、あなたと手をつなぐこともうできない』と読めたんだ。ああ、生きているっていうことは五感が自分の手の中にあることなんだ、とね。谷川さんは『生きる』ために書いたけど、ぼくは友だちが死んだことで『胃を切る』って読んだから、この詩が全部ひっくり返ってしまった。

のどがかわいたら水を飲む、ふだん意識することもないことだけど、考えてごらん。大きな地震が襲って水道が全部壊れてしまったら、ぼくたちはだれかが届けてくれる一杯の水でしかのどを潤すことができない。ぼくらは豊かな時代に生きているから、そこらで水を買うことができる、家の冷蔵庫には冷えた水が入っているだろうし、公園や駅の水道からもいつも水がでる。でもいつも安全な水が飲めるような社会を守ろうとしたら努力がいる。たとえば、今、戦争で、飢餓で、少年少女が何千人と死んでいる国もあるんだよ。水を飲みたいときに飲める、これがどんなにすごいことか考えてしまう。

木漏れ日がまぶしい、これは目の仕事だけど、目の仕事は光を感じるだけではなくて、本を読む、あらゆるものを目を通してみる、読む。ところが悪い時代になると、『これは絶対に君たちは見ちゃいけません』とか、読みたいと思っても読むことを禁じられる。そういう時代を日本も経験しているけど、自分たちが見たいものを見られる社会を守ろうとすると、君たちは努力しなければならない。

次は、メロディを思い出すこと。思い出すのは見たことでも味わったことでもいいのに、聴いたこと、耳の仕事としているのが面白い。音や声の記憶が心の最奥にあるってことかな。人は今を生きていても、その生きてきた年月に体験したこと、嬉しいこと、悲しいこと、恐ろしいことの記憶から自由にはなれない。だから今をせいいっぱい生きなさい。今、自分が嬉しいと思うことを、悲しいと感じる人がいるかもしれない。だから自分をせいいっぱい生きる。少しむずかしくなっちゃったね。

くしゃみをするのは、人の基本的な生理感覚だけど、戦争中ならくしゃみすらできない。くしゃみしたいときはくしゃみしたいんだよね。だけどくしゃみひとつで敵に発見され殺されることもある。そう考えるとくしゃみをするってたいへんなことだってわかるよね。

最後にあなたと手をつなぐこと。これは、願望、人が生きるためには夢がないと生きられない。手をつなぎたい、仲よくしたい、触れたい。これは触覚的に手をつなぐだけでなく夢を見ること。人間が生きるということは、その人の過去と、これから生きる未来と。記憶に象徴される過去と、願望や希望につながる未来と、そのすべて。五感にまとわる過去と未来。そのすべてがひとりひとりのものであるとき、それが生きることだと言っている。

この詩は君たちひとりひとりの『生きる』イメージを映す、考える鏡としてある。一行一行に君たちが写っているはずだ。

今、君たちがつくった装幀で、いちばん多いのは、握手している絵を描いたもの。木漏れ日が気になって木と太陽の絵も多い。どれも興味をもった一行をそのまま絵にしている。どうだい？　ぼくの話がどこまでわかったかわからないけど、谷川さんは木漏れ日でまぶしいって感じることが生きることだと言ってないこと、わかってくれたかい？　目で見るってことは、見たいもの、読みたいものが自由にできること。そういう社会であること、そのためには努力がいるぞ、そんなことも読み取れる。それが読むことなんだ。

この詩に太陽を描いて木漏れ日を描いても、握手しているところを描いても、装幀したことにはならない。

だれかが最初に発見してくれてうれしかったけど、みんな細々した日常的な小さなことだ。だけどその日常的なことを守るとなったらたいへんな努力がいる、と語っている。

『生きる』とは、自分の五感ひとつひとつを自分のものとして、自分自身が運転して生きることなんだよ。

だけど、たとえば病気になったときを考えてごらん。ぼくの友だちは死んだけど、健康が阻害されたら、のどがかわくことも、人と握手することもできないよね。

戦争を必要とする病んだ社会になってしまうと、人の五感は不自由になる。社会や体が病気になることを防ぐことで、ひとりひとりの『生きる』があるんだ。

こんなふうにぼくは読む。君たちはぼくの話をどう理解してくれたかわからないけど、もう一回この詩を君たちなりに読んでくれないか。そうするとこの詩が、くしゃみをすることや、握手をすること、木漏れ日がまぶしいこと、だけじゃないほんとうの詩の姿が見えてくると思う。

友だちと相談したり、家族に相談してもいい。君たちひとりひとりが生きているって思うこと、感じるときを五感に即してまず考えてごらん、こういうときに、自分は生きているって感じる、そんな自分を探してほしい。

たとえば、今日見た金原さんの小説は皮膚感覚、つまり触覚しか信じられない女の人を主人公にした小説だ。口、目、耳、鼻、手、さあ君たちはこの五つの感覚の中で、どの感覚で生きてることを実感したか。そのすばらしさを人に伝えられるような表紙をもう一度考えてほしい」

ここまで、ぼくは一気に話した。

「もう一度考えてほしい」といったところで、子どもたちが一瞬ぽかんとした、ような気がする。が、ぼくは気にせず話をつづけた。

「きょうつくってくれた文字や文字のレイアウトは、それぞれが捕まえた一行から、これがこの詩のポイントだと考えて、それに合わせた文字の表情を考えてくれたと思う、そう見える。でも、いまぼくが話したこの詩の読み方を通すと、どんなひとりひとりの『生きる』が映るか、それをどんな文字の形や色、それに絵にしたら、人に伝えられるか。もう一度考えてください。きょうの作品はバツにします」

子どもたちはしーんとした。

ぼくはかまわず宿題を出す。

「太陽を描いてはだめ。木や木漏れ日を描いてはだめ。握手を描いてもだめ。詩の一行を描くのはやめましょう。自分が触覚で感じること、握手ではなくてさわるという感覚で手を描いてもいいけど、握手じゃない手を見つけてください。たとえば、ほっぺとほっぺをすりあわせるのも触覚だからね。そういう自身の触感、臭覚や聴覚、視覚や味覚を見つけてください。

自分自身の『生きる』の一行を見つけてください。友だちと『君のはなに?』『何だろう』と話をしてもいいし、家族に質問してもいい。自分の一行ができたら、その一行を人に伝えるにはどんな文字の形や色がいいのか、絵がいらないのか。それを今晩考えてきてください。明日は一日中作業ができるから、宿題です。質問あるかな?」

静かだ。「静かにするということ」という詩の一行があったら、ぼくは間違いなくこの子どもたちをイメージすることだろう。もう少し、ことばを足す必要がありそうだ。少しゆっくり、かみくだいて話をつづけた。

「谷川さんの『あなたと手をつなぐこと』の隣に『あなたとほっぺをくっつけること』、でもいいいんだよ。そういう一行をこの詩に加えてください。

自分の力だけでなくてもいい。うちに帰っていらない雑誌の写真を切り抜いてきてもいい。図書室に行って自分の一行を絵にするために参考になる絵を選んでもいい。この絵だったら見つけた一行にあう、人にわかってもらえる絵そのものがあるかもしれない。

明日必要なのは、自分が見つけた一行をどうやったら人に伝えられるか、考えを巡らせてつくることだ。自分はリンゴは赤いって思っても、リンゴは青と黄色の混ざった色だと言う人もいる。『リンゴは赤い』と思うから赤く描いても、リンゴは赤くないと言われたらそれでおしまいになる。自分が考えた一行がどうやったら人に伝わるか、図書室の本の表紙を参考にしていいんだ。

これが宿題です。一行を見つけることと、谷川さんの詩をもう一度自分流に読んで表紙をつくる。じゃあ、今日はここまで、おしまい」

だれかはわからないが、ひとりの子が「はい」と言った。

間髪入れずに全員の「はい」が返ってきた。活字にするときには、びっくりマークを二つ三つつけたくなるような、大きなそろった声だった。

教室を出ると、ディレクターがテレビカメラとマイクを向けてぼくを待ち構えていた。そうだ、この授業はテレビの収録のためにしているのだった。

——どうでしたか？

ぼくの感想は午前と同じだ。

「どうでしょうか」とこちらが聞きたい。

小学生と装幀するなんて経験をさせてもらって。それにしてもテレビやマンガといったことば（声や文字）と画像がひとつになった情報にさらされて生きてきた子どもたちなんだとつくづく思った。文字の表情に対する感性には舌を巻く。文字デザインのイロハから習う必要がない。いま彼らは、クレヨンや水彩絵の具を使っているけど、コンピューターを駆使するようになったら、「菊地先生、まだ紙でつくっているんですか」なんて言われてしまうにちがいない。

子どもたちのイメージのとらえ方は早い。彼らは、はじめて詩を主体的に受け取り、それを客観的に視覚化する。でもこれだけついてくるんだ。

「宿題だって軽々とクリアしていくんじゃないかな？　だってあの秀才くんは五感全部

やっちゃいけないんですか、五行全部書いてきたいって言ってるほどだものね」

——なぜこの宿題を？

「五感で自分を読み出す、いい入口じゃないですか。極端に言えば生きてあることのすべてかもしれないね。つきつめれば自由や日常という、ぜったいに手ばなしてはいけないことへいざなえる、ということにもなるんじゃないかな」

——なぜ禁止事項を設けたんですか？

きみは子どもたちより頭が固いぞ、ということばを飲みこんで、こう答えた。

「禁止され、考えることで、頭の二行に帰ってくる、自分自身に帰ってくる。生きるってことは、五感が自分自身のものであるというあたりまえのことだけど、あたりまえすぎて忘れていることに気づいてもらうため」

——お疲れさまでした。

「なんとか、かんとか。眠れなかった頭でもできました」

「宿題がんばります」「ぼくも！」「ぼくも！」「ぼくも！」

と子どもたちの声が廊下にこだました。

ぼくが知らない放課後／子どもたちのおしゃべり

夕方の校庭、サッカーをしている子どもたち。

男の子たちが家路につく。

「宿題、できるかな？」

「やらないとできないしね」

「生きるってどんなとき？」

「さよならヒット打ったとき」

「おいしいもの食べたとき」

「それって味覚だよね、ほかに嗅覚とかあるんじゃん」

「生きているって感じたときはね……あくびした時も生きているって感じるな」

「快感だもんな」

「おいしいもの食べたときでしょ。あとあくび」

「トイレいったとき」

「さよならヒットだよ」

「やっぱゲームだべ。でもそれって嗅覚とか……」

「疲れて寝るときって、五感のうちのなんだろう」

「気持ちだよ」

「気持ちってなんだ」

「さよならだよ」

「気持ちってなんだよ」

「どんなときそう思う?」

「たとえば、食べておいしいとかまずいとか、生きているって感じるとき」

「やっぱり……?　焼き肉」

「焼き肉ってタレとか匂いとかあるじゃん。そういう匂いとかもさ、生きててよかったって思うときある？」

「生きていなかったら食べれないしね」

「むずかしい……」

「俊介はどんなとき？」

「肉食ったとき」

「どんな肉？　お前、生肉食うの？」

「焼き肉」

「どうして？　匂いがよかったとか味がいいとか」

「触感が」

「触感って？　だから触感がいいからって生きててよかったって思う？」

「そこまでじゃないけど」

「でも生きていなかったら食べれない」

「たとえば俺は愛知万博のマンモスを見て、すごい感動したわけだよ。じゃあね。そういうときは生きててよかったと思うし」

「映画でもあるだろ」

「映画はない」

「このあいだ鎌倉行ったときも文学館で夏目漱石見てきたじゃん。そういうのでもなんかない？」

二人の影が長くなった。


女の子たちが、夕日の校庭を歩いている。

「宿題、だれと相談する？」

「お母さん」

「うちもお母さん」

「簡単そうに見えてできなかったりして」

「五感、五感。さわって……味……」

三人は階段に座った。

「生きているって感じるときは、踊っているときなんだけど、それって何かな。感じる？　なんだろう……なんだろう？　ねえ、ねえ、感じる」

「うちは楽しいときかな」

「手？　でも音楽も聴いたりしているから、耳でもあるし、目でもあるし、手でもある……味はないよね。スタジオの空気とか。あとは、耳、目、鼻。鼻はちょっと……」

「違う気がする」

「鼻は違うよね。やっぱり手と耳と目かな」

「えー。どうしよう。むずかしそう。簡単と思っていると簡単だけど、むずかしいと思ったらむずかしい」

「自分で考えてみるぶんには簡単だけど、あんがい話せないね。でもその三つかな」

「でも一行でしょ」

「どう書けばいいんだ？」

「自分ではわかっているけど……」

「全然わからない。最初聞いたとき、簡単だと思った。自分で考えて一行だけ書けばいいって言ってたから。よく考えればむずかしい」

「あー」

「わからない」

「生きるって詩は簡単だったけど、デザインが……」

「むずかしそう……」

「レイアウトするとき、三文字じゃん。貼ろうと思ったけど、四角いやつで貼ると白と白の間があって、字間っていうんだって。生きるになるじゃん。白いところを切ってつめると生きるってなるって言ってて……。悩んだ」

「うち、お母さんが塾だから、わたしひとりかもしれない」

「弟は？」

「まだ小さい」

「でも小さいほうがわかるのかも」

楓さんが、蛇口からごくごく水を飲む。

女の子は、詩を口ずさみながら、家路を急ぐ。

男の子たちが、帽子を投げたりしながら、校庭を歩く。

階段に座って話し合う。

「かっこよくて青々しい車に出会えたとき」

「この人は車が好きだから」

「にごりのない青。死んだら見れないからね」

「友だちとケンカしたとき」

「ハラ減っているときに、おなかいっぱい食べること」

「友だちと遊んでいるとき」

「でも本に書くとしたら、どんな人でも感じられることじゃないと」

「サッカーの選手に選ばれたとき。子どもまでしか市とか県には選ばれないから、子どものときに死んだら、それには出れないっていうか」

「野球のスタメンとかでずっと試合に出れたときとか」

「ボールをとったり投げたりも楽しいから」

「新しいスパイクをはじめてはいたとき。死んじゃったら靴もはけないし、何もできないから」

「でもオレ食いすぎるとハラが痛くなる」

「そこまで嬉しくないけど、お父さんとバッティングセンター行ったとき。たまにしかお父さんは休みがないけど」

「ホームラン打った？」

「お父さんはね」

「雅也くんは？」

「打ちません」

「今日の授業は、いっぱい聞きすぎて覚えていない」

「たくさん言っててよくわからない」

「家庭科室で、一日に何人も人が死ぬ。君たちは……」

「生きる」

「なんだっけ……あれ。君たちはこの日本に生まれてきて、よかったんだって言ってなかったっけ？」

「日本のほうが豊かだね」

「水道もきれいに出るし」

「冷蔵庫開ければ水とか食料もあって」

「そう思うと日本は……」

「外国じゃ、のどがかわいて五千人とか死んでいるって言ってた」

「日本に生まれてよかった」

「それは……食べれること、ものを食べれること。食べ物」

「やっぱ日本に生まれたことじゃない？　豊かだから」

「親とのキャッチボール。あんまりしたことないけど……」

「どんな人でも感じられる、生きていることでしょ。だからキャッチボールはダメなんじゃない？　野球嫌いな人もいる」

「生きているって感じる……」

「夢は生きているって感じるか？　最近夢見ないけど」

「日本のこと書くかな」

「ほかの国と比べてって？」

「ニュースでテロとかの話が流れているとき。だって……」

「寝て、そして次の日に起きれること。だってさ、その間に死んじゃうかもしれない。死んだ人はそのまま起きない。小さいときはよく考えていた」

「人生がつまらないから？」

「違うだろ、楽しいから考えるんじゃない？ 死んだらどうなのかなって考えているだけ。現実的には考えていない」

「自分で考える」

「親に言ってもさ」

「うん、混乱しそう」

考えている、話し合っている子どもたち。

「なんでそれにしたかっていう理由が強ければいいんじゃないの？」

「全部内容が一緒じゃないからいいんじゃない？」

男の子たちは階段に座ったまま、紙を広げる。

それぞれの夜／宿題をかかえて

俊樹くんの家。

「お母さん、ただいま」

「お帰りなさい。宿題あるの？」

「あの今日……なんか自分で生きるって感じたときの一行を書く宿題なんだけど……」

「むずかしいね」

「お母さんならどう思う？」

「どういう詩？」

七行の詩を読む。

「ふつうのことだけどとっても大切なことだよね。これで、これをテーマに考えるの？

やってみようか。はじめようか」

母と子が向かい合う。

「五感からいくとどれが簡単なの？」

「見たものだと思ったから、見ていちばん感動したことから」

「目から入ったのね」

「それでやりたいけどどれがいいかな」

「目から入るとき？　見て感動する？　光とか色とか、むずかしいけど、そこらへんから考える？」

母と子が隣り合って座る。

「お母さんは、生きるってどういうときに感じる？」

「生きるって——。感動したときに思うかな。子どもたちが活躍してすごく嬉しかったときとか、お仕事がんばって達成したときかな。それぐらいかな。ちょっとしたものでもおいしいと感動するよね。感動したときに生きているなって実感するね。子どもたちが成長していくと嬉しいね。小さな変化も生きているって感じる。そんなときかな」

「ぼくはこの前さ、地球博に行ったじゃん。そんときマンモス見たじゃない。冷凍マンモス。そのとき感動したりした」

「歴史の長さがあるもんね。なんで冷凍マンモス感動したの?」

「これまでに知っているのは骨だけでさ……なかなか毛が生えているっていうのがなかったから、はじめて見たからよかった」

「でもちょっと生々しい、リアルな冷凍マンモスを見て、生きるってどう思った?」

「見たときに、自分が生きててよかったとか、一生に一度くらいしか」

「見れたときに感動したの? 生きててよかったたって。あっはっは……。そうか、連れてってよかったわ。そっかあ。ほんとそうなんだ。でも、そこからいろんなこと、ほかに発見することあった? たとえばまだまだこういう冷凍マンモスって地球のどこかにいるのかなとか」

「ない」

「そこからいろいろひろがっていくと、もっといろいろな物が見えるよ。ここ最近いちばん感動したのは?」

「それかな」

「じゃあそれをイメージして、明日先生を驚かせるのつくろうか。無理？　ヒントが出てきたような気がしない？　一行にまとめるのはむずかしいけど」

男の子はお土産の土の固まりを見ながら、机に向かう。


亜耶さんの家。

「今日ね、一時間目から六時間目くらいまで菊地先生に来てもらってお話ししてもらったの。『生きる』っていう詩があって、その詩を読んで一回表紙をつくってみたの。それで、これが最初の七行だけど……」

「まず読んでみる？」

母にうながされて、女の子ははきはきと七行を読む。

「今日の宿題はここ、自分で生きるっていうことを考えるんだって。ママが生きるってなんですか？」

「生きること？　生きること？　感じることかな？　嬉しいことも悲しいこともすべて

感じること」

「おじいちゃんは？」

「生きること？　たいへんなことだね」

「亜耶は？」

「わからないけど、生きるってことは旅行に行っていちばん楽しいときに生きててよかったって思う」

「いいことだけじゃないもんね」

「おばあちゃんは、どんなとき？」

「いちばん楽しいときは、家族に恵まれているでしょ。それで一緒にいるときは、ふだんは二人で生活しているけど、孫たちといるときがいちばん生きている、楽しいって感じがしますよね、おじいさん」

「そうだな、生きていることは確実に感じるな。生きるってことはとってもむずかしいよね」

「当たり前のことですものねえ。去年、弟がたいへんな病気したでしょ。そのときも、どうなるかわからなかったじゃない。でもこんなに元気になって？」

「ぼく、生きるってことは？」

「とくにない」

「弟が急性脳症で、意識がなくなってしまって、人工呼吸でもたいへんだった。亜耶ちゃんは救急車でずっと泣いてたもんね」

「十日間、意識がないときもあったからなあ」

「わたし、弟が家に戻ってよかった」

「ということも生きることだよね。生きていることって気がつかないこと。当たり前と思っているから、気がつかないけど、そういう幸せじゃない、困ったことがあったときは、なんていうのかな……幸せなときは気がつかないけど、今は大くん、こんなに元気になったけど、幸せなんだって思うけど。それが毎日続くと勉強しろっていう。欲がでちゃうね」

「この詩はね、五感で、のどがかわくことはのどや口、木漏れ日は目で感じて、メロディは耳、くしゃみは鼻、手をつなぐは手の感じで、そういうふうに菊地さんはこの詩がいいなって思ってえらんだ。表紙書くときに菊地さんにいろいろ教えてもらって、ほめてくれたからよかった」

「菊地先生は、表紙をつくるときにいろんなこと感じて、その結果、すばらしい表紙をつくっているんだね」

「今日、一時間目にね、本の名前は忘れたけど、もう皮膚でしか感じられないっていう人を書いた小説の本を見せてもらったの。中の表紙が黄色で、その上に赤いカバーで皮膚をイメージして、それから白いカバーで包帯をイメージして、赤いところがザラザラしてて、鳥肌が立っているように見せかけたんだよ」

「中身が感じとれるんだ」

「大事なのは皮膚だよ皮膚だよ、って何回も菊地さんが言ってた。ページの数字が書いてある場所も、隅っこだし、だれが表紙を描いたよっていう、装幀・菊地なんとか、って名前も、紙のいちばんはじっこの目立たないところにあって、ふつうの本と違うなって思った」

「読みたいって思った?」

「なんかふつうの表紙と違うからね、個性的でよかった」

「むずかしいね、そういう表紙をつくるのは、先生が最後の責任をとることだからな。いろんな本の内容を与えることができるってその先生はすごいね。感心したな」

「あと、生きるだけど、ママはどんなことだっけ」

「亜耶がさっき五感だって言ったじゃない。やっぱり六つ目だから第六感。見えないけど、感じるところだから、ママだったら生きることはあなたを感じることってするかな。おばあさんはどうですか?」

「そうね、家族かな。家族と会っていろいろ話すとき、自分が生きているなって思うよ。おじいちゃんは?」

「たまたまいま、うちの月下美人が咲いているだろう。夜咲いて、一、二時間咲いているかな。朝起きたら月下美人がしおれているんだよね。そんな命の花もあるんだって感じたけど」

「亜耶ちゃんがさっきいちばん最初に旅行に行っていちばん楽しいときって言ってたから、そしたら亜耶の頭の中に楽しいこと、困ったこと、連想しているような、そんな絵はどうなの？　いいこともあり悪いこともあり、ドキドキもあり悲しいこともあり。そういうの全部ひっくるめて生きていることだから、亜耶の得意な絵で、いろんな場面を想定しているのを書いたら？」

「生きるっていっぱいあるけど、身近なことで書けばいいかなって思う。うん」

絵を描きはじめる亜耶さん。

「菊地先生はひとつひとつが身近だけど、ほかの国でそういうことをすると殺されるとか、のどがかわいても飲めないとかそういうのいっぱいあるから、という話もしてくれた。なんかかわいそうだな、日本に生まれてよかったね、ママ」

「のどがかわけば、亜耶はすぐ蛇口ひねって水が出て潤うけど、飲めない人もいるし。木漏れ日だってまぶしくて気持ちいいって言う人もいるかもしれないけど、目が痛い人もいるし、光にたえられない人もいるし、感じ方はみんな違うもんね」

弟の病気の話になる。

「大輔がいきなり熱を出して、どうしたんだろうって思った。救急車を呼ぶ前に一度車で病院に行こうと思ったら、変な歌を歌いはじめて、それから意識なくなってびっくりして……死んじゃうと思った。北海道からおばあちゃんが来てくれて、それで、夜はずっとお母さんとお父さんでつきっきりで看病してて……」

「みんなに助けてもらったね」

「周りの人にいっぱい助けてもらったね、大輔覚えてる?」

「あんまり」

「小さかったから全然覚えていないって。生きるっていいことだね、ママ」

「怖いこともたくさんある。怖いことも体験しないと幸せってわからない。幸せばっかりだと、ほんとうに今幸せかってわからないんだよね。たいへんな思いをしてこそ、いま、みんなでいられる幸せがわかるから」

「助かってよかったね」

「大くんいっぱいたいへんな治療とかしたから」

「点滴いっぱいつけてたね」

「元気になってよかったね。毎日お見舞いに行ってたもんね」

「生きることの実感だもんね。ピーンポーンって」

「うん」

「じゃあ、生きているってことは……家族がみんな幸せ、違う、健康に生きて……」

「そんな長くていいの？」

「長くてもいいし、いらないところ消していってもいいしね。みんなが言ったことをいろいろ書いてみて、それでかいつまんで短くしてもいいし」

亜耶さん、一行を書きはじめる。

「健康で仲よくしていることで、生きているなって思う。うん。生きているなって思う」

「いいんじゃない。先生に直してもらおう」とおじいちゃん。

「亜耶が言ったことがいい。だれでもない亜耶が」とおかあさん。

机の上には飼っているカメ、家族の写真。

「これで明日……表紙を書く」と亜耶さん。

「がんばって」とおじいちゃん。

「楽しんでね」とおかあさん。

琴子さんの家

「どうだった？」

「話がむずかしかった。自分がいちばん生きているって思うときのことを一行書くんだけど」

「一行だけかい」

「むずかしい。琴子ちゃんは歌を歌っているときが生きている感じなんだって。紗和子さんは本を読んでいるとき。楓はダンス」

「そうだと思ったわ。いいかもしれない。いちばん自分が正直なところ」

「でもむずかしい。学校に行けることかな？　行けない人もいるから。それか……」

「最後にくる文ってまとめが多いんじゃない？　そういうこと頭に置いて考えたら？」

「あなたと手をつなぐの次は何だろう？　やっぱりむずかしい。できそうな感じがしたけど」

「だから宿題なんじゃないの？　家でじっくり考えようって」

「どうしよ、できない。大人でもむずかしい？」

「じっくり考えないとね」

「そうだ、五感！」

「五感？」

「五感があるじゃん。見る、聞く、話す……、耳、目、鼻、口、手で五個。手ならダンスは手と耳も必要。音楽聴くから。あとは……なんだっけ。手と耳と、えーと」

「足か」

「足は五感？」

「生きていると思う感じるところは全部じゃないかい？」

「ダンスじゃまとまらないかな」

「むずかしい？」

「うん、むずかしい」

「なんかちょっとしたときに感じることなんだろうね」

「うん、そう言ってた。身近なちょっとしたことって。くしゃみも一回しただけなのに撃たれて死ぬこともあるんだって」

「朝起きてから夜寝るまで。生きているなって感じるのないかい？」

「ご飯を食べるとき」

「それもひとつね」

「おいしいもの食べるとき、外食するとき。家のご飯がおいしくないみたいだね。でもいっぱい考えてもきりがないよ」

「いっぱい考えるの。詩を書く人もいっぱい考えてその中からこういうことばを選ぶと思うよ」

「うん」

「学校と……ダンスのこと書きたいんだよね」

「でももっと小さい、体のいろんなところで感じることだね」

「何だろう……」

「心が出てないんじゃないかしら？　どう？　ふっとしたとき、心はどうだろう、気持ち。好きだなって気持ち」

「ダンスが好きだなって気持ち」

「だれが好き？」

「家族が、家族がいてよかったなー。……でもやっぱりダンスのこと書きたい！　いいかな」

「もうちょっと考えてみよう」

「ママ、わかった？」

「イメージはわかったけどむずかしい」

「家族のことかな。家族がいないと何もできないし。ひとりじゃ生きていけないし」

「何々がいるって状態より、やっぱり五感じゃないのかな」

「家族がいてよかった。どこで感じる？　楓は。全部？」

「まず足で感じる」

「足で感じるね。手でも頭とか。全部で感じるって体全体？　五感にもつながるかな」

「五感は全部につながると思う。でも匂いとかはわからない」

「ダンスは匂いはわからないかもしれない」

「スタジオの匂いとか……でもなんとなく匂いもあるかも。スタジオの匂いとかあるから」

「シューズの匂いもあるかもしれないぞ」

「革の。スニーカーの匂い」

「それを一行で入れたいわよね。まず踊っていることは入れたいね。いちばん好きなことだから」

「ダンス踊っていて」

「スタジオの匂いとか入れたいし。手とか足が嬉しくなる気持ちも入れたいし。心はどうなる？　踊っていると」

「うーん、楽しい」

「楽しいときもあるね、うまくできたときは。うまくできないときは？」

「残念。負けず嫌いだから。必ず最後にはできないと納得しないからね」

「じゃあダンス、ダンスを踊っているときの踊る楽しさを、踊る喜び？　なんだろう楓のことばで言うと」

「喜び。喜びを……ダンスは教えてくれる」

「頭も教えてくれそう。心も。さっき言ったように鼻まで教えてくれるから、それをひとことで言うとなんだろう。体全体で？」

楓さんが一行を書く。

「踊っている喜びを体全体で……感じること。できた」

「いいかも」

「でもこれを絵にするってどうすればいいんだろう」

「踊っている絵にしちゃつまらないんだよね。踊るってことがわかるから。絵も描くの？」

「明日描くの」

「でも考えるのはこの部分なの？　絵はいいの？」

「絵を描くためにこれを考えるの」

「どうかな」

「ちょっと自信ないけど、多分大丈夫だと思う」

「ママはどう思う？」

「楓らしいと思う」

「これで完成。いい？」

「もっとゆっくり考えてみる？」


敦くんの家。

「今日、えっと、この詩の装幀を家庭科室でやって、この木漏れ日がまぶしいということに目をつけて、表紙に生きるって書いて、木のところに光を描いて、回りにだんだん暗くなってくように緑を描いていって、裏表紙には小さく生きるって書いて、上に夕焼けが沈むところの絵を描いた」

「それはあっちゃんのアイデアかい？」

「何で描いたの？」

「ペンとクレヨン、習字道具とか」

「装幀ってどんなことするんだい？」

「表紙の厚い、厚紙のところのデザイン」

「菊地先生どんな感じ？」

「菊地先生はけっこう若く見えて。最初に著者から原稿をもらって、その名前の位置とか色とか形を決めていって、それでそれを読者にもわかってもらうようにデザインしてある」

「本を出すときに、印象に残るやつをつくるんだな」

「見本の本のお話が、皮膚が全部むきとられたイメージを本の色でデザインして、それを太い包帯でつつんであげようって帯があって。表紙のところのざらざらが鳥肌のイメージになっているって」

「戦争の本？」

「いや、あれは……触覚しか信じられなくなった人のお話みたいな」

「わからないけど、すごい本ね」

「それで今日の宿題は、自分なりの生きるっていうことを隣に一行書くのが宿題」

「あっちゃんは何を書こうとしているの？」

「鉄道の写真」

おとうさん、おかあさん、おにいさん、みんな大笑い。

「鉄道の写真を撮ること」

「でも、それはやっぱりあなたにとっては生きるってことだけど、もっとみんながしっくりくるような生きるってあるかもね」

「一行だけなら自分が書きたいものを書いてもいいと思うけどな。でも、最後だからまとめるのかな……」

「たとえばの例を聞きたいんだけど、いいですか?」

みんながまた笑う。敦、詩を音読する。

「私だったら家に帰ってきて、みんなの顔が見えて、おいしいビールが飲めるのが生きているって感じなんだけど」

「そうねえ。今ここで五感に関することが並んでいるから、いちばん最後は心に関する、心に感じるようなことがいいかなって考えているけど。私の場合は長男の今みたいな笑い声を聞くと嬉しい。そういうことかな。そういうときのみんなの笑顔。ビールは違います、ふふふ」

「じゃあ、参考にしてやってみます」

ていねいな物言いに三人笑う。敦、紙に書く。

「心が通じ合うこと」

敦が書いているのをじっと見つめる家族。

「電車の音、なんて書いてみたらどうだい？」

「電車の写真を撮るとどういう気持ちになるの？」

「きれいに写せてよかった」

「いちばん、たしかに嬉しいよね」

「電車の表紙にするの？」

「どの型かは決まっていないけどね」

「自分がいちばん生きているって感じる一行であればいいけど。でも、あっはっは、菊地先生がどう思うかな、五感という形で考えるとね。まあでも、自分の好きなの入れちゃえ」

「これでいいですか、お父さん」

「自分で決めるんだよ。お母さんはどうですか？」

「敦らしいといえば敦らしいね」

二日目

一時間目／宿題発表　子どもたちの「生きる」

やれやれ、よく眠った。

目覚めはいい。

とにかく、一日目の宿題「自分の一行を探す」に、子どもたちがどんな「生きる」を見つけてくるか、楽しみだ。

それに二日目の今日は、きのうと同じ教室以外に、子どもたちとぼくの秘密の場所をこっそりと用意してあるのだ。ま、保健室のようなもの、と想像していただければいい。違うのは、消毒薬の匂いもしなければ、ベッドもない。同じなのは、ぼくが保健の先生よろしく、子どもたちの悩みをほかのクラスメートに聞かれないようにこっそり聞き出して、薬をぬったりするかわりに、ちょっとしたコツや考えるヒントを処方してやる場所、ということだ。ぼくらの保健室の種明かしをすると、実際には、椅子を二つ置くといっぱいになるくらいの狭いブースをつくった。その別室を「面談室」と称したのである。

教室へ向かう廊下で、ぼくは、きのうより今日のほうがずっと緊張していた。なにしろ教室に少し体がなじんできたぶんだけ、自分がいかに緊張しているかを自覚できるのだからたちが悪い。それに二日間の結果を残さなければここに来た意味がない、というプレッシャーもあった。

そうだ、宿題を抱えて、子どもたちはよく眠れたのだろうか。

昭和二十九年の映画『二十四の瞳』では、小豆島の十二人の子どもたちが高峰秀子扮する大石先生を「小石先生」と呼んでからかっていたな――。

『二十四の瞳』は、ぼくが九つのときに封切られた映画だ。当時、町の映画館へ学校から全員で行列して見に行った記憶がある。

大石先生は、小豆島で自転車を乗り回すモダンガールだったから、島の人の中には白い目で見る人もいた。砂浜で上級生がいたずらで掘った穴に落ちて怪我をしていた——。

きのう、五十年ぶりに小学校に入ったぼくは、校舎には靴をぬいであがるのだということをすっかり忘れていて、上から下までいつもの黒ずくめの格好をしてきた。ところが、用意されていたのは白い上履きだった。「あちゃー、何とも目障り」

子どもたちが目ざとくそれに気づいて、「白上履き先生」なんてあだ名で呼ばれていたらどうしよう。

と、まあ、これは今にして思い出した話で、当日はもちろんこんなことを考える余裕はまるでなく、ぼくに用意されていた部屋から教室へと向かった。

ぼくの心臓がどんなにバクバクしていようと、学校の朝のあいさつはいつも同じである。

「おはよう！」

ぼくが教室のドアを開けると、「おはようございます」と五十四の瞳がいっせいにぼくを見つめる。

全員が、宿題ができたかできなかったか。先生二日目のぼくが子どもたちの顔つきだけで判断できるわけがない。

「今日は楽しみです。どんな君たちに出会えるかな、どんな一行と出会わせてくれるかな。たいへんでしたか？」と、第一声。

「たいへんだった」と、うしろのほうから間髪入れずに答えが返ってくる。

欲ばりな子は何行もつくったのだろうか。一行もつくれずに、さあどう言い訳しようかと、どきどきしている子が何人かはいるかもしれない。

さあて今日は、まずみんなの一行を見せてもらおう。

信悟くんはふたつつくってきた。

「シュートを打つこと。サッカー」

なるほど、触感からせめてきたか。ボールが自分の足にぶつかって飛び出す、そんなことを想像してほしい。シュートする瞬間に感じる体感が自分にとって生きることなんだぜって、わかるように表紙をつくらないといけない。

「シュートしている人を描いてもわからない。シュートの足とボールの感覚がどうなっているのかちゃんと考えろ」とぼくは信悟くんの頭をくしゃくしゃになでまわした。

広大くん。

「なかなか飲みこめないこと」

おお、すごい。ぼくがこの一行を装幀しようと思ったらたいへんだ。

「病気していて飲みこめないものあるし」と広大くんはおずおずと言う。

うん、うん、うん、うん。広大くんの頭の中には、いったい、どんな装幀が浮かんでいるのだろう。ぼくは思わず目をつぶって、うーんと考えてしまった。

「生きることはわかりにくいこととか」と広大くんはことばをつなげた。

「それを人に伝える文字や、絵を考えてみてね。薬を飲みこんでいる絵はだめだよ」

さあ、できあがりが楽しみになってきた。

真菜さん。

「澄み切った空気をすうこと」

なんて気持ちがいいんだろう。のどがぐっと刺激される。五感でいうとどこだろうか。

鼻、のど、肌、粘膜、呼吸器系の内臓、すべてに通じる感覚だ。おもしろい。

「澄み切った青い空を描いてもだめ。吸う、吸いこむ。そのときの君の感覚を人にわかるように文字や色にしないとダメだぞ」とアドバイスする。

滉くん。

「だれかと話をすること」

ふつうは、話す、というと「口の仕事」と簡単に考えるのだが、滉くんは「口と耳と」だという。よく気がついた。話をするには相手の話を聞かないとだめだ。もうひとつ、目の仕事でもある。相手の子が話していることをほんとうにその子がそう思っているのかな、と顔を見る。

「先生は、あんなこと言っているけどほんとうかな、って顔でわかっちゃうんだ。すごくいいことを言っているけど、顔が怒っているってときがあるじゃないか」

ふと見ると、滉くんがじっとこちらの目を見ていた。

「君が見つけたこの一行をどう表紙にするか。話しているところを描いてもダメだよね。話をするって目の仕事、口の仕事、耳の仕事でもある。君は話すことが好きだし、友だちと話すことで生きているって感じるって書いた。とてもいい一行だけど、よく考えてね」

とぼくは本気で語りかけた。

琴子さん。

「歌を歌うこと」「本を読むこと」

このふたつをいっしょに考えられないものか。

「歌を歌うことはどこの仕事?」と聞いてみた。

「口と耳」

「本を読むことは?」

「目」

琴子さんはふたつのことを、違う感覚の仕事だと解釈している。でも、そらんじている歌を歌うんだったら口の仕事だが、楽譜を見るのは目の仕事だ。みんなと一緒に歌うとなると人の声も耳に入ってくる。人が歌っているとき顔も見える。

「歌っているときの喜びを人がわかってくれるように、どうしたら文字や色になるか。歌を歌っている姿や、本を読んでる姿ではなく考えてください」

紗和子さん。

「本を読むということ」

「本を読んでいると楽しいし、いろいろわかって嬉しいからこれにしました」と進んで理由をきちんと言う。

いい答えだ。まずは目。それからページをめくる手の動きもある。本は、インクの匂いもするし、ページをめくると音もする。

「人は本を読むとき、五感全部を使って、本と格闘している。本を読むのは、目が字を追っているだけではなくて、心がスポーツするみたいに本と戦っている。だから人の五感全部に話しかけるようにしないといけないんだ」

われながら、むずかしい注文だ。

俊介くん。

「あなたと卓球をすること」

いい答えがつづく。「卓球のおもしろさってどこ?」と聞くと、「勝つときとか、スマッシュが決まるとき」と言う。

「負けるとどう思う?」

「悔しい」

「負けないためにどうする？」

「強くなる」

「強くなるためには？」

「練習する」

「スマッシュが決まったときの嬉しさってどう言える？　快感ってなんだい？」

質問をたたみかけているぼくは、卓球をしたことがない。

「早い球が決まるとか、相手が打てない球を打つと楽しい」

スマッシュが決まったときに感じる喜びは、スマッシュしているところを描いても伝わらない。スマッシュを決めたときの手とラケットの関係、どんなふうに、手とラケットがひとつになっているか。スマッシュが決まったときって、手とラケットの間に汗を感じるか。

「スマッシュっておもしろい題材だと思うから、その瞬間を考えて。その瞬間体の中にわきあがる五感の動き。瞬間全身に血が巡って、熱くなるとか。そういうことをみつけて。

友一くん。

「火の熱さを感じられること」

火が熱かった経験は、学校の家庭科で料理をしたときだ、という。熱さというと、まず皮膚だ。それに鼻でも、もちろん目も感じている。火は熱そうにみえるから注意する。

「五感のどこが働いて熱さを感じるのか考えてごらん。それを絵や色、文字の形に置き換えてごらん」

楓さん。

「あなたと話ができること」

楓さんはきのう、人と人が握手をしている絵を描いた。きのう、ぼくは握手、太陽、木など描いてはいけないと言った。「それでは君たちが読んだことにならない」と言いたかったのだ。

「人と人が話をしているのを描いてもダメだよ。話をするときは目や口や耳が喜んでいる、または口や目や耳が悲しんでいる。そういうことを想像してみて。これまで人と話したどんなときの思い出があるか考えてみて」。成功を祈りながら、こうぼくは言った。

瑞樹くん。

「今生きてあいさつをするということ」

おもしろい。いったいあいさつってなんだろう。どうして人はあいさつをするんだろう。

「君に生きることはあいさつすることだって思わせた何かがあった？」と質問すると、

「ない」と答える。「だれかに会ったときや、友だちがおはようってあいさつしてくれると

嬉しかったから」なのだという。

矢を飛ばすときには、まず弓を引く。負のエネルギーもまた必要だ。

「でも、君のあいさつに答えてくれない人もいたかもしれないね。悲しい？　つまらな

い？　どうしてあいさつしてくれないの？　自分がおはようって言ったのに……」

瑞樹くんは思い出そうとするように、ちょっと首をかしげた。

「君があいさつしたときに、あいさつが返ってきてすごく嬉しかったんだよね。そのと

きの嬉しさをどんな色や文字にしたらいいか考えてみて」

あいさつしている二人を描いてはダメ。あいさつも耳の仕事であり、口の仕事だ。そう、

全身の仕事。体が感じた喜びを考えてと言い添えた。

由惟さん。

「人と話しているということ」

ステキな答えだ。それは人と人との関係だ。今までの体験や記憶の中で、慰めてもらったり、慰めたりしたことを思い出して、想像を巡らせて「話をすること」を膨らませてほしい。

夏夢郎くん。

「ずっと健康でいれること」

いいぞ。それは、望みか、夢か？

「夢。健康でないと死んじゃうし。やっぱ、健康なのがいちばん生きているって感じると思った」

きのう、ぼくはこの詩の中には未来も過去も潜んでいる、人が生きているということは、人の五感が十分満たされているだけでなく、未来も過去も含んでいるんだ、と話した。健康であるってことは、自分の体だけではないのだ。

「何の健康だろう。そこまで考えてごらん。健康であるって何も含めて健康でないと生きているってならない?」

「心?」

大正解! そこを考えてほしい。

聖也くん。

「友だちと遊べること。友だちと遊んでいると楽しいし、遊んでいるとたまに友だちも増えたりするからです」

この一行には、二つのキーワードが入っている。ひとつは友だち。もうひとつは遊ぶ。問題を少々整理する必要がありそうだ。遊びでもいろんな遊びかたがある。ひとりで遊べるのもあれば友だちと遊ぶのもある。生きているってより感じるのは、友だちと遊んでいるほうか、それともひとりでゲームしているときのほうか?

答えはやはり「友だちと遊んでいるとき」

だとするとなぜ友だちと遊ぶのが楽しいのか? じつは聖也くんはもうすごいことを言っている。「そうやって友だちが増える」。人と人との関係が生きているという感じをはぐくむ。では、友だちと遊んでいるときに感じる、生きているという気持ちを、文字や色にするには、どうするか。友だちとみんなで遊んでいる絵を描いてもダメだ。その友だちと遊ぶときのいったい何が生きているって感じさせるか。

「今は鬼ごっことか、季節によっていろいろ」

鬼ごっこの楽しさって何？　鬼ごっこしているときにドキドキしたり、生きてるって感じさせるのはなにか？

「鬼はどっちから来るのかな、とか」

「体で感じるよね。あっちでもないこっちでもないって、鬼ごっこしているときの君をドキドキさせる。体感っていうけど、そういうものを思い浮かべてそれを色や文字にするとどうなるのかな。鬼ごっこの瞬間に生きているって感じをもっと注意深く見る。そうなんだ、人生って鬼ごっこみたいなものだ。自分を見つめ、他人のことを考えて行動しても

……」

由那（ゆうな）さん。

「感動をすること」

すごいな、欲ばりでいい答えだ。これは五感のすべてにかかわる。自分の心の動きだけでなく、人が感動するとき、いろいろだ。手術でくしゃみが出なかった人が、治ってはじめてくしゃみしたときは感動するだろう。今まで生きてきて感動したことを、具体的に思い出してみてほしい。

「十二年生きてきて、君自身が感動したこと何だった？」

「うーん……」と由那さんは考えこんだ。

考えが煮詰まったら、昨日のことから思い出してみるといい。スイカを食べた口の感覚や、友だちが話しかけたこととか、自分の生活の中から探ってほしい。

「そうしないと感動することではとてもむずかしくて、苦労するし、字を考えるにも困るよ。具体的にふだんの生活の中から考えるといい」

敦くん。

「夢をもつこと」

理由はこうだった。

「ぼくは鉄道が好きで、鉄道のことをやると生きているって感じがするから、その夢を大切にもっていこうということで」

敦くんは鉄道の模型やカードや切符などを集めている鉄道マニアだ。電車の魅力をひとことで何か、と聞くと、「形」だという。「飛行機でも車でも型はあるのに、電車の何が魅力なの？　違いは何？」と問い詰めると、

「音も違うし、乗ることとか、写真を撮ることとか」

形、音、それに乗るという体感、とだんだん広がる。本を読むことが全身の行ないであるように、敦くんにとっての電車はただ形を見るだけでなく、音を聞くこと、乗って体感する、五感全部が電車で揺すぶられる。

「夢をもつことのいちばんのテーマである電車を通して、生きることは夢をもつことだって表紙で語りかけるんだ。どこからいこうか。音なら耳の仕事だし、形は目の仕事だ、体感は全身が電車と共鳴してひとつになっているね」

じっくり考えよう。

ここまでで、半分は終わっただろうか。教室のうしろから、ぼくはみんなに声をかけた。

「ぼくにオーケーもらった人は、その一行をどんな文字にするか考えてくれよ。もう一回表紙にするんだから」

夏末さん。

「空を見上げること」

夏休みに箱根に行って山から空を見上げると、きれいで気持ちよかったのだという。

ぼくは目をつぶった。そのまま夏末さんに話しかけた。

「空を見上げて生きているって感じたのは目の喜び？　もしそうだとしたら写真を見ても絵を見てもいいよね。なぜ箱根で。見上げるって書いたのが大事、写真や絵は見上げない。君の体も参加している。家族や友だちと一緒に行ったの？　空を見上げたときの自分の周りのこと思い出して」

「家族と」

「家族と空について話したことありますか？」

ぼくは目をつぶったまま、想像をめぐらせるような顔をしてみせた。

「耳はそのときどんな働きしてた？　皮膚は？」

「風があった」

「写真を見てたわけじゃない。体に風が当たっていたんだ。ほかには何かあった?」

「まぶしかった」

「空がまぶしかったのかな? 何かを見上げるって、生活の中でもあるよね。たとえば学校の校舎とか先生の顔とか、いろいろあるね。空を見上げたとき肌をすりぬけていった風とか、箱根の木の匂いとか、耳はあのときどんな働きをしてたのかな。あなたが生きているって感じたその瞬間を、人に伝えられるような絵や文字にして見せて」

ひろみさん。

「未来に向かって歩むこと。ものごとをひとつずつ覚えていって、それが活用できると嬉しいし、一歩ずつ進んでいくと生きているなって感じる」

ちょっといじわるな質問をしてみた。

「過去に向かっていっても、生きているって感じるときがあると思うけどさ。なぜ未来なんだ?」

「時間はいつも進んでいるから、戻ることもできるのかもしれないけど、後ろ向きに考えずに前向きに未来に向かったほうがいいから」

「未来に向かってどう歩いていますか？　具体的に」

「学校でいろいろなことを習って、それを活用しようと思うと、未来のことを考えたりしてあそこで活用できるなって思います」

「具体的に君は、もう六年生で活用できたことはありますか？」

「たとえば一年生のときにならった足し算、ひらがなとかも今はもうすべて活用できる」

「いろんなものを学んで、知っているってとても大切だよね。大きくとても広い一行だけど、自分の体験を思い起こして考えないといけない。未来に向かって歩くって漠然と色や文字にするのはむずかしい、ましてそれを人に伝えるのはむずかしい。見たこと、覚えたこと、教わったこと、それを活用して開けた今。一年生になって覚えたひらがながこんなふうに活用できて、自分の歩みに役に立っているんだって、具体的に考えないと、人に伝えるのはむずかしいね」

花衣さん。

「あなたを抱きしめてあげること」

あなたとはだれのことだろう。

「具体的に、弟、妹、家族、ペットとかな」

「家族を抱きしめてあげること、弟とか」

「弟は小さい？　元気？　君に抱きしめてもらうと喜ぶ？　今は喜ばなくなった？」

「喜ばなくなった」

「どうして抱きしめると、そんなに生きているって感じるのかな？」

「亡くなって抱きしめても冷たい感じがするけど、生きてて抱きしめてあげるととても温かい」

「そうだよね。死んだ人さわったことある？」

「ない。でも冷たいとか」

「冷たそうだ。弟だっこしたらあったかかったんだ。嬉しかった？」

「うん」

「そのときは君の体温も弟に伝わっているんだよ。弟も感じたはずだ。でもどうして今だっこするといやがるんだろう。だっこしたときに君が感じた温かさは、弟の柔らかい肌の触感とか匂いがひとつになったもの。だっこを五感を通して考えると人に伝わるヒントがあるかもしれない」

彰人くん。

「一日を大切にすること」

おもしろい。どうしてこう思ったのだろう。

「死んじゃったらもう、一生……遊べないとか、食べれないとか、友だちと話せないとか」

「だから一日を大切にするの？　じゃあ君の一日は友だちと話したり食べることだけかな」

もっともっと自分の一日を考えて。自分の一日。生きるってことは一日を大切にすることだって思う体験を十くらいあげられるだろうか。

「五感で考えてごらん。生きることは一日を大切にすることだって人に語るんだ。かっこいい。さあそれを人に文字や色でわかってもらうってたいへんだから、君のかけがえのない一日をつくる具体的な物や事をあげてみて。失いたくない。取られたくない。君の大切なもの」

そこから装幀を考えるヒントが出てくるにちがいない。

雅也くん。

「ものごとを達成しようとしてドキドキしているとき」

ものごとを達成しようとは、目的があること。

「君は目的がありますか？」

「サッカーの選手」

「いつごろから」

「幼稚園の終わりから」

「もうかなりうまいんだ。サッカーの何がいちばんおもしろい？」

「試合」

「試合の何？」

「声のかけあい、あとシュートを決める。あと……ほめられることです」

考えのとっかかりが出てきた。雅也くんが生きると感じる一行にサッカーのサの字もなく、ものごとを達成しようとしてドキドキしてるとだけあった。表現がジャンプしているところがとてもステキだ。ただそれを具体的にみんなにわかってもらえるような文字や色にするのはむずかしい。達成した満足感の表現ならともかく、ものごとを達成しようとしている心もちを色にしなさいなんて、ぼくでもむずかしい。でも考える道筋は見えている。達成しようと思っているサッカーへの夢。サッカーをやっているときのドキドキする体感から文字の形が見えてくる。サッカーの絵がなくてもわかる。

「サッカーの楽しさが君にもたらす夢、それは選手になること。サッカーをしているときに五感で感じた楽しさを、ひとつひとつあげる。友だちの歓声がたまらなかったな、シュートしたときの足の痛み、あのときの痛さは快感なんだ、とか。そこに色や文字が潜んでいるんだよ」

まりさん。

「涙を流すこと」

「君は涙を流したことはありますか？」

「はい」

「どんなとき？」

「嬉しかったり悲しかったりすると、涙を流す」

「たとえば最近どんなときに涙を流しました？」

「テレビとか見て感動するもの。そういうの見たときとか、兄弟ゲンカでやられて泣いたりとか。いろいろ。泣いてる」

「テレビのどんな物語を見て泣いたの？」

「フランダースの犬とか。それからそれぐらいかな」

「兄弟ゲンカは最近どんなときにしました？」

「二人の意見がまとまらなくて、言い合ったりケンカしたり」

「なぜ涙が出るんだろう？　嬉しかったり悲しかったりで、涙以外で何か出るかな？　涙が出るとき体はどうなっている？」

「……」

「兄弟ゲンカしたとき涙が出て、その涙を見てけんかの相手は何かしなかった？　涙を流している君に気づいた？　見えているよね。相手の顔は見なかった？　やーい、と喜んでいた？」

「喜んでいなかった」

「どんな顔してた？」

「悪かったかなって」

やっとたどりついた。涙は自分と他者へのメッセージ。もう一歩考えを進めてみよう。

「涙には必ず相手がある。病気のときはひとりでに涙がでるけど、それも何かを思ってのこと。涙というのは人と人との間に流れる。ことばに出せない悔しさや喜びを、相手に伝えているんだ。どんな体の働きで涙が出るかわからないけど、涙はことばや仕草で表せられないことを代弁してくれるんだ。死んだら涙は出ない。涙を流している人を描いても、生きるとは涙を流すことだってわからないよね。どうしたら人に涙を流すことが生きるってことだって説明できるか、目と涙だけなんて、あるかもしれない、考えてごらん」

貴人くん。

「星がきれいだと思うこと」

空がきれいだって答えてくれた子がいた。こんどは星だ。

「最近どこで見ました?」

「ベランダとか外を歩いてて」

「星は好き?　空が好き?」

「空が好き」

「宇宙?」

「違う」

「天体望遠鏡で観察したことはありますか?」

「ない」

「夜ベランダに出て星を見ようと思うときってありますか?」

「ある」

「星が好きなんだよ。どうしてですか?」

「きれいだから」

「きれいだけかな。いつもひとりですか?　家族は?　一週間に何度見ます?」

「数えたことない」

ぼくの質問攻めはつづく。

「星をどうしてきれいだって思うのかな。きれいだと思わない子もいるかもしれないね。きれいだと思わない子にメッセージするためにはどうしたらいいんだろう。サッカーと言う人も、友だちと話すときと言う人も、弟を抱きしめるって言う人もいた。君は星がきれいだと思うとき、生きてるって感じる。なぜ？　最初に星がきれいだと思ったのはいつか覚えている？　キャンプに行って、星を見て思ったとか。そういう記憶はないですか。ベランダのある家にいつから住んでいますか？　生まれたときから住んでいるの？　はじめてベランダに出た記憶はある？」

マシンガンのように質問をあびせた。貴人くんは「ない」とようやく答えた。

「この一行に決めるまでに考えたことある？　この一行にしようか、あの一行にしようか迷ったことは？」

「ある、あ、ないや。あるけどこれにした」

「じゃあそれには理由があるな。それを話してほしいけど、なぜそれを捨ててこれにしたか考えてごらん。そうすると星がきれいだと思うことの理由が見つかる。君が捨てたものを考えると、これにした君が見えてくるよ。それが字や絵になる」

亜耶さん。

「家族全員健康で仲よくしていること。これは弟が三年生のとき重い病気にかかって、いきなり熱が出て入院することになって、全然意識も戻らなくて、もう死んじゃうかもしれないって怖くなったときに、奇跡が起こって助かった。身近なことでも生きているって思う」

すごい体験だ。四年生のときだという。

「そのとき、突然熱が急に出て、次の朝起きたら熱が四十度くらいあってけいれんしちゃって、意識がなくなって、救急車が来てサイレンが鳴ったときすごい怖くて、緊張っていうかすごくどきどきしました」

「君は病気にかかったことありますか？」

「入院したことはありません。いちばん下の弟も二回くらい入院して、一週間くらいずっと家に帰れなくて、その弟は意識がちゃんとあって、いま五年生の弟は急性脳症っていう、脳にばい菌が入って、いきなり意識がなくてびっくりした」

「じゃあ健康であることが生きているって感じる？」

「健康で今外で遊んだりできるから、生きて弟が治ってよかった」

生きているってことは、家族全員、健康で、仲よくか……体験に裏打ちされた一行に何やらこちらもしんみりしてしまった。亜耶さんがもっと話をつづけたそうにぼくを見た。

「なあに？」

「病院で何日かあとに意識が戻ったときに会いに行くと、弟が車椅子でガラスのほうに来てくれたので、そのときは安心した」

健康、家族、仲よく。どんな文字や絵を見せてくれるのか。

愛さん。

「友だちと遊ぶこと」

「どんな遊びするの？」

「ゲームとか」

「どんなゲームがすき？　テレビを使うやつ？」

「テレビゲーム」

テレビゲームというモンスターが出現して、子どもの遊びの時間割が豹変した。いや、子どもだけではない、大人になりきれない子どもたちが増殖したのも、このモンスターとけっして無縁ではない。テレビゲームでとどまってはいけない。質問攻め、パート三だ。


「ほかに、何かある？」

「学校ではゴム段」

「テレビゲームと、学校の遊びと、どっちが好き？」

「テレビ」

「いつごろから遊ぶようになったの？」

「おととし」

「四年生のときから？　それはどうして？」

「みんな持ってて楽しそうだったから」

「テレビゲームはひとりでやるの？」

「妹とか友だちと」

「一緒に遊べるんだ。みんなとやったほうがおもしろい？」

「うん」

「それはゴム段と同じだな。テレビゲームは手だけが働くの？　目も働くね。音は？」

「します」

「匂いは？　家のどういうところにテレビがあるの？」

「本体は自分の部屋。テレビはリビング」

「ゲームでいちばんおもしろいのはなんだろう？　ゲームの種類かな？」

「それもそうだけど、騒いでやったり……」

「うん。それはゲームでなくても、ゴム段でもいいんだよね。わーわーきゃーきゃーやるのが君に生きているって感じさせる何かなんだろうな」

テレビゲームは静かにやるものと思っていたが、みんなとやるざわめきが生きているって感じるのだという。

「テレビゲームをやっている君や友だちを描いても、ゲームをやっている楽しさは伝わらないんだよ。テレビゲームに決めなくてもいい、ゴム段でもいい、そのときの体の反応を思い出してください。友だちとギャーギャーやっていると、耳から入ってくる声も君をドキドキさせている。そう考えて遊んでいる時の心の様子を形や色にしてください」

祐太朗くん。

「夜寝て、朝起きられること。これはまずふつうに健康。病気の人でも生きていれば寝て朝起きられるけど、死んでしまった人、寝たきりの人は起きられないから、これを書きました」

具体的に考えるヒントを連発する。

「君は朝起きたとき、目を開けたとき見えるものはなんですか？　部屋でまず見えるものはどこ？」

「ドア」

「どんな色？」

「茶色」

「それは何でできていますか？」

「木」

「次に見えるのはなんですか？」

「窓」

「何でできている窓ですか？」

「ガラス？」

「カーテンがかかっている？」

「カーテンは開いている」

「開いているの？」

「開けてくれたのかも」

「毎日だれか家族の人が開けてくれるの？　君はひとりの部屋で寝ているの？」

「六年生になってリフォームして、自分の寝るところも少し変わってひとりで寝る」

「生きるとは健康であること。そう言いたいのか」

さあ、それをどんな文字や絵にできるか。これも、とてもむずかしく思える。朝起きたところの絵を描いても人はわからない。寝て、起きるという連続性に気づくのにはまだ少し時間がかかる。押しつけてしまってはだめだ。

「わからないってことが、わかるかい？　健康でいることが生きるってこと、それを人に伝える。生きることを、寝て、起きられることって考えたのはすごいことだよ。さあどうする？」

アイデアがでてきた。

「優しい色を使えばわかる気がする」

「なるほど。優しいというイメージはとてもいい。相談にのるから。むずかしいけど、考えてごらん」

明里さん。

「みんなと話をすること。生きているうちはみんなと話ができるけど、死んでしまったら話したくても話ができないから、これを書きました」

みんな、ということばに決めるまでに、いろんなことを考えただろう。友だち、家族とイメージがふくらんでいたのだろう。

「みんなって、だれを思い浮かべますか」

「友だち」

「いまのクラスの友だちだけかな？　ほかにもありますか？」

「前の小学校の友だちとか保育園のとき一緒だった友だち」

「みんなつきあいが続いているの？」

「うん」

「ステキだね。友だちは多い？」

「うん」

このクラスのいいところは、ほかの子どもとぼくのやりとりにちゃんと耳を傾けていることだ。ゲームにたとえると、そろそろ、ぼくの質問攻めは、パターンが読めるところまできたのだろう。悪い意味で言っているのではない。学校の先生が読む授業の進め方が書いてある虎の巻なんかでは、これを「学習効果」というのだ。

「友だちが多い子も少ない子もいろいろいると思うけど、やっぱり友だちが大切ですか？　どんな話をするの？」

「クラスが一緒じゃない子と話しているときは、ふだん何やっているとか、たまに会ったからっていって、昔の話をいろいろしてみたり」

「ほかに何かある？　話をしているときって、話の内容だけでないと思うよ」

「友だちと一緒に旅行行ったときに、そのときの思っていることとかを一緒に話をするのも好き」

考えをひろげるためのテクニックをひとつ伝授する。

「想像してごらん。君と友だちが舞台の上にいて、それを君が見ている。すると、なぜ人と話をすることが生きていることって感じるのか、自分の外から見えてこないか。話をする嬉しさは、話の内容だけじゃない。話をしたくても友だちがいない子もいる、友だちと会えない寝たきりの子もいる。友だちと話ができるのは健康であること。平和であることも大事。自分がドラマの主人公になったつもりで、自分が友だちと話しているシーンを想像してみる。すると人に伝える糸口が見えてくる」

最後は俊樹くん。

「冷凍マンモスを見たこと」

とびきり具体的でステキな答えだ。ああ、愛知万博で見たのか。

「一生に一度くらいしかマンモスとかは見れないから、死んだら見れない。だからマンモスを見て生きててよかったたって思った」

「なぜ冷凍マンモスだったの？　冷凍のエビやカニでもいいじゃないか？」

このナンセンスな質問への答えは、俊樹くんの中でとうに準備されていた。

「でも昔も生きていた。骨はわかりにくいけど、毛もはえていた。それで生きているというのがマンモスから伝わってきたので、冷凍マンモスにしました」

「マンモスってどれくらい前に生きていたの？」

「聞いていない」

「大昔のものが見れるなんてすごいよな。生きているから見れるんだもん。でもマンモスじゃなくて昔の人が使っていた食器が出てきたりするよ。ものじゃなくて、マンモスであることの理由ってあるのかな」

「冷凍マンモスは生き物だけど、食器は物体で生き物じゃないから。マンモスには心もあったと思う。食器には心はないけど、死んでいても冷凍マンモスからはそういうことが読み取れたっていうか、伝わってきた。食器なんかを見てきたけどそういうのは伝わらなかったから、冷凍マンモスにした」

すごい発見だ。冷凍マンモスは生きていた。草を食べ空気をすって生きていた。マンモスにも心があったとことばにしてくれた、俊樹くんが受け取ったのだ。もうかぐことのできない空気、さわることのできない植物を冷凍マンモスは知っている。それは、俊樹くん自身のいちばん古い記憶になるかもしれない。俊樹くんの十二年間にはマンモスの時間も含まれている。

きのうぼくは、人間の五感には記憶っていう過去にとじこめられた夢もひそんでいる、それも含んで生きているんだ、と話した。最後に俊樹くんが冷凍マンモスを紹介してくれて、記憶に気づかせてくれた。拍手しながら、ちゃんと一本くぎをさす。

「ただし、冷凍マンモスを描いてもだめだよ」

死んでしまった生き物にも心があって、喜びや悲しみを感じていたはずだと、俊樹くんの心が動いているのが見える

首尾は上々。みんなとってもステキな一行を見つけてくれた。

あとは仕上げるだけだ。

とはいえ、子どもたちの考えてきた一行は、装幀者泣かせのものが多かった。

どうしよう。疲れた。

「これで二十分の休憩にします」

「疲れたー」と子どもたちから声があがった。

「先生だって疲れたよ。一時間に二十七冊の本を読んじゃった。たいへんだ、大混乱だよ」

ぼくの休み時間／ほんとうに本を読むということ

今日は涼しくていいと思っていたのに。熱くなってしまった。冷凍マンモスの話でヒートアップした。一度に二十七冊の本を読んでしまったのだ。

ひとりひとり、みごとな答えだった。次の段階に進めようとずいぶんサービスしてアドバイスを連発したけど、しすぎだったろうか。宿題をいい加減にやってきた子はいない。成功の秘密は、五感に絞りこんだことだろう。不自由にしたから、逆に自由になれたと思う。ひとつのことがいくつもの感覚をまたいでいる。それに気づいた子もいた。自分の感じたものを文字や色、それから絵にする。楽しみだ。

頬が紅《あか》くなってますよ、ディレクターがマイクを向けた。

――気になった子はいますか？

またまた答えられないことを聞いてくる。比較している余裕はない。ひとりひとりの一行につきあうのが精一杯だ。

――熱心につきあいますね。

「あたりまえだろう。ぼくだって真剣だけど、子どもたちがこんな真剣に反応してくれるとは思っていなかった」

じつはわれながら、怖いもの知らずの宿題だと思っていたのだ。「こんな一行をつかまえちゃって。どういうふうに装幀するんだ」と、ほんとうは子どもたちに聞きたい気持ちだ。

けど、どうにかしてくれるだろう、とぼくは思う。

プロは「これを読んでこう思うけど、表現するのはむずかしい。もっと装幀しやすい角度はないか」と考える。

でも子どもは真っ向勝負に精一杯。

うれしいことに、きのうと変わって、みごとに自分を読んできた。それがこの詩を読むということだ。

——もくろみは成功？

「ここまでは。半分だね」

二時間目／宿題発表　ぼくの「生きる」

白状する。

子どもたちに宿題を出しておいて、みんなが「生きる」ってことをうんうん唸《うな》りながら考えていたにちがいない夜に、ぼくはお酒を飲んでいた。

言い訳するつもりはないが、ぼくにとっての一行、「生きる」とは何か、を確認する酒だった。

二十分の休み時間を終えて教室に入り、

「みんなに話してもらっておいて、ぼくも話さないと失礼だから、ぼくが生きるってなにか、考えたことをお話しします」

と前置きしてから、「ぼくの『生きる』」をぽつぽつと話した。

最初に思ったのは、「ふだんは生きているなんてこと考えないで生きてる」ということ。ひとつ思い当たることがある。五か月前のある朝、目が覚めたら、突然右足にすごい痛みがあって起き上がれなかった。はじめて経験する痛みだった。なぜ痛いのか、まったく原因がわからない。鉄の棒が、つっこまれたくらい痛かった。

ぼくは何かあるとすぐに本を読む。家にある病気の本を持ってきて、痛みの原因を探した。本には死にいたる内臓の病気のしるしもこんな痛みと書いてある。「これは弱ったことになったぞ」

シリーズで長年手がけている本や雑誌のデザイン。引き受けた装幀の仕事。事務所にぼくを助けてくれる人はいるが、考えるのはぼくの仕事。みんなたちまち困る。ぼくは何をしないといけないか、真剣に考えた。仕事のこと、家族のこと、友人のこと……。思いつくかぎり、ありとあらゆることを、数時間の間に、自分の死を前提に自分の生き方を整理した。それを終えて車を呼んでもらって病院に行き、診察を受けた。

診察を受けている間も、「何はともかく一か月は生きていないと、自分を整理できないから、自分で病気をコントロールしよう」と考えていた。

まず先生は、痛みの状態を聞いたのでこう答えた。

「生活はこうで、こんな推移で今日の痛みがある。ともかく痛い、まず痛みを止めてください」

次に先生は「レントゲンを撮ります」と言う。

「レントゲンはなぜ撮るんですか?」と聞き返すと、「痛みがどういうところからきているのか、レントゲンでわかるか検査してみます」

その次に先生は「次に血液検査をします」と言う。

「結果は何日で出ますか?」と聞くと、「三日で出ます」と言う。

読んだ本では、ぼくが想定していたいちばん悪い病気は、血液検査をしたら罹患《りかん》しているかどうかがわかる。そうするとぼくは、死を三日後には引き受けないといけない。さあそうなると自分の生き方が始末ができない。これはたいへんだ。何のための検査か質問すると、基本的な検査で痛みの原因を見つけるものではないとのこと。先生が「義務じゃない」とおっしゃるから、パスした。その日にもらった痛み止めの薬の効果でだいぶ痛みが弱まり、歩けるようになった。一週間後に、レントゲンの結果が出て、背骨の変型から生じる痛み、恐れていた病気でないことがわかった。

そんなふうに、ぼくは自分が生きているってことを、病気になってはじめて意識させられた。

それからもうひとつ。社会も病む。体は健康でも社会が病むとき、人の心が病む。やはり人は生きるということを考えさせられる。

社会が病むってどういうことだろうか。地震が襲って、水道も電気もガスも止まったとする。人は水を求め、電気を求める。そのとき人は、いやおうなく生きるってことを考えさせられる。

グローバリゼーションということばを聞いたことがあるかい？

弱肉強食という四字熟語はもう習ったかい？

今、日本の国が世界で生きていくために、弱い人から切り捨てる、そうしないと世界で生き残れない、なんていう人も出てきている。それは社会が病んできたひとつの表れだ。

人は風邪をひきそうなとき、くしゃみや鼻がでたりする。これは風邪を引きそうだという危険信号。涙が出るという生理現象は、ことばより前に悲しいことや喜びを発信している。それと同じように、社会が病むとき何が発信するか、それは詩や小説の仕事だ。詩人や小説家の鋭い感性は、「この社会は病んでいるぞ」という信号を作品を通して発信してくれる。

谷川さんの詩は鏡だと話した。この詩に自分を映して、「生きるってどういうことだったんだろう」と考えるきっかけになる。ある朝、ぼくの足の痛みに、ぼくの生き方を考えた。痛みがぼくの鏡だった。

では、「生きる」ってどういうことか。

ぼくはこう思う。

ひとりひとりの五感と言ったけど、五感をまとめた感覚。

ひとりひとりの感覚と、

その人が生きてきた、嬉しかったこと悲しかったことなど過去の記憶と、

これからどうやって生きていこうか、憧れや希望、という未来を、

愛《いと》しいもの、大切なものとして

慈しみ、愛し、
これだけはだれにもゆずれないとしっかり思うこと。
それを侵そうとするものと戦うことだ。
ぼくはそう思う。
「生きるってことは、自分の『生きる』を侵そうとするものと戦うこと」
これがぼくの「生きる」だ——。

子どもたちはだまってぼくの話を聞いてくれた。静かだった。とてもとても静かだった。

「さあ、これがぼくが宿題として考えたこと。君たちが考えた一行にどう影響するかわからないけど、これからじっくり、君たちひとりひとりの『生きる』の表紙を考えてください。絵はこんなふうにしたいけど、文字をどうしようか、迷っている人は、図書室の本を見に行ってもいい、あの画集の色が気になるって思ったら、確認してもいい」

準備は整った、ように思えた。

アイデアを形にしてゆく第一段階はラフスケッチ。自分の描きたい、つくりたい表紙のイメージを、まず鉛筆で描いてみる。それはひとりで自分を見つめる作業だ。本や絵を見たり人に聞くより先に、まず自分と話をすること、自分を読むことが大事なのだ。

「君たちが一行で見つけた自分を、もう一度読む、それをどうしたら人に伝えられるか、考える。そして思いつくままスケッチしてごらん。さっきぼくがひとりひとりに話したように、その一行を成り立たせる体験や記憶や夢を、五感をとおして見つめることだ。そこに色や形がかくれているよ。さあ、はじめて」

こうして、学校中が子どもたちのアトリエになった。

渡り廊下で考える／子どもたちのつぶやき

「あんまり深く考えても……生きるってことは簡単にはわからないから」

「生まれてよかったはあるけど、今生まれているから、そのことを書こうかなって」

「いちばんむずかしい問題かも、算数の問題より」

「今はとうてい見つかりそうもないな」

「まず手とか目とか、そういう五感にかかわるところを書いて、あとは別に心とかで、そういうの書いて、今思い出をどう表すかで迷っている」

「子孫が困らないように幸せに暮らせるようにしたい。マンモスはそういう努力ができないけど、自分は伝える力があるから、そういうのを残したい。そういうのがわかってくれれば何でもいい。自分が何もできない人だから、努力した人間ってことで、残したい」

「迷っている。そういう気持ちとかって絵とかことばではあらわせないから、そこでいちばん困っている」

「最初は電車を描く予定だったんだけど、電車の絵じゃないほうがいいってそう言われたから、ちょっと悩んじゃった。考え直す」

「きのうは、皮膚の色を表しているって言ってたから、私も色で表してみようかな」

「今、字の場所を考えているから、もう少しでできると思う」

「むずかしいねー」

「無理難題。目標が大きすぎて、どっからはじめようかって困っちゃう。みんなに共通することじゃないとわかってくれないから、みんなに共通してさらに自分の一行を表現できるような絵とか色を使わないといけないから。そこを自分で考えないといけない」

「未来に向かって歩んでいる自分とか、そういうできごとを描きたい。未来に向かって歩んでいるってことは、何かを一歩一歩進んでいるってことだから、何かを学んでいるから、学んでいることを具体的に描けたらいいな」

「獣医になりたいと思った。なれるかは自分次第だって言ってたから、なれるような自分になりたい。でも、自分だけじゃ表紙になれないから、ほかのできごととかものも描く。ほんとうに自分に起こったことじゃなくても、表紙に役立つことも描く。自分を中心じゃなくて脇役として描きたい。たいへんそうだけどね」

「きのうと違う。文章を奥の奥まで読まないといけないから、浅く読んだきのうとは全然違う」

「たいへん！」

三時間目／装幀、ふたたび

　ぼくが校長室で、テレビのスタッフが用意してくれた昼の弁当を食べている間、子どもたちはいつもの給食を食べた。ぼくが小学生だったころ給食なんてなかった。

　一グループ六人、六色か七色のクレヨン一箱。それでめいめい半紙に絵を描くのだが、色がつかないローソクみたいなクレヨンを取り合ったりせず、みんな夢中に描いたものだ。教室も先生も足りなかったのだ。二部授業といって、午前の学級と午後の学級があった。昼食はいずれも家で食べる。食べさせてもらえない子がいても、おかしくない時代だった。

　それにしても、現在の小学校の環境には驚いた。ひとりひとりがコンピューターのモニターを前にしている、そんな教室も遠くはない。

ぼくが教室に入る前から、子どもたちの表紙づくりははじまっていたようだ。文字選び、ラフスケッチ、色づけ、悩んだまま動けない子……。

教室に入ると、教室の空気がこれまでとがらりと変わっていた。静かになったのではない。達成度がばらばらの子どもたちの、おもしろがっている笑顔や苛立《いらだ》ちや息をつめて作業する真剣な顔。互いの進行状況の探りあいや助け合いなどが入り混じって、とても濃密で張りつめた感じがする。

子どもたちの「生きる」。その表紙づくりは、クライマックスを迎えようとしていた。

ぼくはまず、用意した秘策、保健室作戦を披露した。

「相談することがあったら、向こうで相談にのるよ」

と、別室を指さしながら見わたすと……おっと、これは困った。

きのう注意したのにまた同じ間違いをくりかえしている子がいる。表紙の表と裏をとりちがえているのだ。

装幀者にとってはあたりまえのことだけど、背表紙のところでくっついている表紙の紙を本文からはがして広げると、一枚の紙になる。縦書きの本は、背をはさんで紙の左半分が表表紙で、右半分が裏表紙。横書きの本はその逆だ。横書きの教科書もあるから、つい紙の右側が表だと錯覚してしまうのだ。

「おい、表紙はこっち側だぞ」と表紙の紙を指し示す。

「まじで」

「うっそー!」

かわいい悲鳴が、一、二、三、四、五人以上から聞こえてきた。

修復不可能なところまで進んでいる子もいたので、「オーケーにします」と指示。つくり替えるかどうかは、子どもたちの自己采配だ。

学校中がアトリエとなった。子どもたちは、校庭や踊り場や階段など、ちりぢりになっている。

ぼくは教室の隣につくった面談室に入った。

その後、子どもたちが何を話し、何を悩んでいたか、面談室にこもったぼくにはわからない。のちにビデオで見たのだが、テレビカメラが取材して残した子どもたちの姿はこんなふうであった。

校庭でぽつんとひとり座っている子。

文字を星形になんども置き換えては考えている子。

「思いつかないんだよ」「宿題はすぐできたのにね」と友だち同士で相談している子。

「先生に何か言われそうな気がしますか？」と聞かれて「うん」と下を向く子。

「自信がありますか？」と聞かれて「うん」と胸を張る子。

「こうしたらどう？」と友だちにアドバイスしたら、自分のが決まらなくなっちゃった子。

「無理だ、こんなのできっこない」と泣きそうになっている子。

裏表紙に「命」と書いた子。

「ト音記号ってどうかくの？」と友だちに聞いている子。

「どうしよう、ここに何か書かないといけない」と余白をにらんでいる子。

「海を描こうとしたら川になっちゃった」とおろおろしている子。

ペンをたたきつけるようにしてスケッチを描く子。

文字を切り抜いてハートの上に置いている子。

文字をカーボンでなぞっている子。

下書きのまま写そうとしている子——。

子どもたちの悲喜こもごもとはお構いなしに、校庭では木の葉ががさがさ音を立てて揺れている。遠くのほうでは、ほかのクラスの女の子たちがフラフープで遊んでいた。

子どもたちが次々に面談室に入ってきた。

悩める俊介くんは、入口に立ったままだ。

「どうした、俊介。なんだっけ君の一行。座れよ。君の一行を教えて」

「あなたと……あなたと卓球をすること」

「卓球か。さっき聞いたけど卓球の楽しさ、それはゲーム。戦うこと、勝ったり負けたりすることもおもしろい。そう言ったよ。ぼくは卓球したことない。君のラケットを持つ感覚。球を打ったときの感覚。球を打ちそこねたときの感覚。君だけが知っていることがあるはずだ。だって小さな球を小さなラケットで打つんだろう。そのときどきの手の感覚ってどんな感じ？」

「なんか軽い」

「ほかに球を打ったときの感覚と似ていることない？」

「野球。打つとき」

「野球のバットとラケットは持ち方がちがわないか。卓球の球と野球のボールもずいぶんちがうぜ」

一対一でほかの子がいない分だけ、ぼくの口調もくだけてきた。俊介くんも掛け値なしの悩んだ顔を見せる。

「うーん」

「空振りしたとき、球をものすごい速いスピードで打てたとき。空振りしてたときの手とラケット」

「うーん……」

シーンとしてしまった。

「……打てたときって、ラケットを強く握っている？　弱く握っている？」

「強く」

「空振りしたときは？」

「強く振るけど……」

「空振りしたときって悔しいだろ。そのとき、手どうなっているのかな？　空振りしたとき。悔しくてラケットを捨てたい？」

「うん」と大きくうなずく。

「嬉しいときはどうする？　卓球の愛ちゃんが『サー』って声を出しているね。君もやるの？　打てたときってどんなポーズするの？　声は？」

「何にもしない。笑っている」

「打てたときの感覚が形になるといいんだけどね。手が気持ちいいだろ。ほかのことをしているときよりも、打てたときの手の気持ちって強いだろう」

「手のイメージがあんまりわからないから」

なかなか糸口が見つからない。手がかりが目の前にあった。文字が下から上へ「るき生」と配置してあるのだ。

「文字の形はこれでいいと思っているの？　これは逆になっているね。おもしろいね。

どうしてなの？」

「うーん……」

図鑑に産みの苦しみという項目があれば、このときの俊介くんの顔がまさにそれだ。

「すごくおもしろいけど、君がどう思ったか知りたいな」

「生きるだから、人間の成長みたいに、したかった」

と、また考えこむ。ここで急いではいけない。待つ。何も言わずに時間という先生にしばし二人で身を任せる。

「……なるほどね、上に上にのびていく。こうやって置いたのは君の発見だ。口にはしなかったけれど、上下左右、表や裏にめまぐるしく動くラケットの姿に見えていた。すごいすごい」

もっともっと時間の神様に頼っていたかった。が、扉の向こうに次の子が来ている気配がする。

ひとりひとりにじっくり時間をかけたくても授業時間が決定的に足りない。単純な計算だ。五十分の授業時間を二十七人で割ると、一回の授業でひとりの子どもに向き合える時間は、せいぜい二分がいいところだ。授業をしてみて、それがよくわかる。学校に不祥事が起こると、世間はすぐに学校の先生のせいにしようとするが、一概には責められない。とにかく時間がないのだ。

話をまとめる必要があった。

「やったぜって思ったとき、色で言ったら何になる？　赤か？　ブルーか？」

「赤」

「よし。地は真っ赤に塗ったらどうだろう、文字は白でいいよ。でも、絵の具かクレパスか、なにで塗るか、どんな赤にするか。これは君の宿題だぞ。君の卓球をする喜びを伝える赤だ。いい赤を、選んでくれよ」

「ありがとうございました」

下から上へ配置した文字は上へ行くほど大きくしてあって、僕には、こちらへ向かって飛んでくる球にも見えていた。

俊介くんを励まして部屋から送り出すと、琴子さんが入れ替わりに入ってきた。

「音符の白いところ何で塗ればいいかわからなくて」

歌を歌ってでもいるような音符を三つ描き上げてきた。「歌を歌うということ」という一行がダイレクトに伝わってくる。音符が三つあるということは、友だちといっしょに歌っているのだ。悩みは色だ。

「みんなと合唱しているときは、どんな色のイメージがあるの」

「水色とか、みんなと歌っている時……外で歌っている感じかな」

「どうしてそう思うのか不思議だね」

「なんとなく外とか好きだから」

「外で歌うときってあるの？」

「合唱団入っている。お楽しみ会とかして」

ぼくの疑問が解けた。具体的な色使いのアドバイスをした。

「いろんな水色で塗るといいね。たくさん必要ないけど、あの子の水色、この子の水色、君の水色みたいな、いろんな水色が混ざっててもいい。ひとつの水色にすると君が歌うことが生きることだって、君だけの意見になるけど、あの子もきっと楽しいはずだ、あの子も生きてるって感じてる。君の想像でいい、二人の子を想像して、それぞれに似合う水色を選んだらいい。それで塗って」

電車くんが来た。敦くんだ。

電車を中心に矢印が奔放に描いてある。

「やっぱり……電車が捨てきれなくって。描いちゃったんだけどいいですか」

「でもいろいろ工夫があるね。この矢印はなんですか」

「夢への第一歩って感じの……」

「おお。入口だな。電車が好きだって君が、夢への入口だって気づいたんだな。中学生や高校生になったら電車が違うものになってしまうかもしれないけど、自分の夢の入口は電車だって宣言したんだな」

とてもおもしろい。矢印もちゃんと色分けてある。

課題は文字だ。図柄と色に比べて「生きる」の三文字がまだ弱い。

敦くんは、電車をほめてもらって大満足の笑顔だ。ちょっと待て待て。まだできていないぞ。

「矢印を色で表現できるよ。たとえば矢印の頭の部分だけ塗って、棒は塗らないのさ。

そうするとみんな色がついて目立つところを見るだろう？　その先に『生きる』とあれば、出発って感じするるじゃない」

敦くんは、深くうなずいた。

「電車を描いていいかって……」

それでもまだ不安そうにぼくを見る。少々あせってしゃべりつづけた。

「いいよ。電車はいいよ。矢印があるからいいの。わかる？　矢印は君の発見。ただ電車を描いただけじゃない。矢印を見つけたんだよ。電車が好きな子だったら、信号機や標識なんかの矢印をいっぱい知ってるもんね。知らない子はびっくりするよ、この矢印が新鮮。あとは文字に色をつけてください。君がせっかく見つけたこの矢印が目立つような色があるはずだよ」

「わかりました」と笑顔がもどった。

「すごくいいよ」

「じゃあ続きを……ありがとうございました」

「そこまで描いたら矢印だけを裏に描いてもいい、ぴっと」

敦くんが出て行くと、夏夢郎くんが元気に椅子に座った。

「おう、こんにちは」

「こんにちはっす」

「むずかしいこと考えてきたな」

「とりあえずこの下書き持ってきたけど」

「君の一行を確認」

「ずっと健康でいられること。そんで……」

夏夢郎くんが面談室に来た目的は、確認することだった。

「先生は肉体的な健康ともうひとつあるって言ってたんで、それはきっと心だと思ったんです。心が健康なら笑っていると思ったんで、笑っている感じにして。あと……先生この前木漏れ日がまぶしいことっていう文章を絵にするとき、そのまま描いちゃだめって言ってたんで、この絵が同じになっていないか確認に。どうですかね」

イメージを形にするのが早い。ただちょっとむずかしいことをやろうとしている。むずかしさを意識してもらおう。

「体も社会も健康であることを、笑うことで表現しようという考えはとてもいい。街の風景があり、体操している人を描いただけだったら罰点だったな。体操している人たちの笑顔がいいね。いい発見です。で、それにこの字、いいよ。字の中に顔があってそれも笑っている。これもすごい発見。色塗るのもたいへんだからがんばれよ」

「ありがとうございました」

ぺこりと頭を下げて夏夢郎くんが部屋を出た。

広大くんが来た。

絵ができている。

「どうぞ。お、もうそこまでできているのか。君の一行はすごい一行だったな。『生きる』は飲みこめない、だっけ」

「なんか深い感じがしたから海にしてみた」

広大くんとは、考えた一行についてもう少し語り合いたかったところだ。

「うーん。おもしろいこと考えたな。生きているって、わからないことだらけで飲みこめない、ていうの？」

「そう」

「生きてるということを意識することって、ふだんはないんだ。それが『生きる』こと。だからむずかしい。君は実際どんなときに飲みこめない？　そんな体験ある？」

「むずかしい話をされて飲みこめないとか。風邪薬が飲みこめないとか」

「飲みこめない話が最近多いですか？」

内心、おそるおそる聞いた。さしあたって、きのうからのぼくの授業が飲みこめないことの筆頭にあがりそうな気がしたからだ。

「ちょっと」

「どんなの？」

「なんかニュースとか授業とか。戦争のニュースとかやってたり。ほかにもニュースでむずかしいことばっかりやって、全然意味がわからない」

授業ってぼくの授業かい？　ということばを飲みこんで、「戦争のニュースでどんなところが飲みこめないの？」と聞いた。

「ニュースが飲みこめないんじゃなくて、なんで戦争すんのかって……」

「それは、たしかに、飲みこめないね」

広大くんの見事な受け答えに、ぼくは声をあげて笑ってしまった。キョトンとぼくを見ている広大くんに、それが海に結びついたのはどうしてなのだろう、と聞いた。

「深い意味がありそうで、それに、海は飲みこめないなって思った」

アイデアはおもしろいが、白で書いた「生きる」の文字が弱い。

「白でいいけど、もう一回この上を白で塗ってごらん。この海の絵はとってもいいからね。飲みこめない気持ちは字をもう少し強くしたほうが見えてくると思う。君は筆で書く文字を選んだけど、もうちょっと強くしたほうがみんなに伝わると思うよ。イヤかい？」

「イヤじゃない。ほかには何もつけないほうがいいと思うけど、どうかな」

何を考えているのか一瞬わからなかったが、デザインを考える上で必要な「引き算するテクニック」を、広大くんがさらりと言う。感心してしまった。

「何にも書かないほうがいいな」

「じゃあ、文字の白をもう少し強くしてみます。ありがとうございました」

広大くんが出て行くと、ディレクターが興味津々でぼくに質問してきた。

――どうですか？

「びっくりですよ。ニュースを見ていてもわからない、どっちがいいのか悪いのかさっぱりわからない、それでも戦争しているんだ。これが飲みこめないって、疑問に思っているんだよね。それが『生きる』をデザインする入口になっている。すごいことだ。海に飛躍したのもすごい。つまり戦争している現実は深いんだろうな、何かわけがあるんだろうな、アメリカはほんとうに正しいのか、もうひとつの国はほんとうに間違っているのか、真に考えることのスタートラインに立っているね」

――その表現はどうですか？

「飛躍がすごい。帯がついたらすごい装幀になるよ。なぜ戦争って起こったんだろうって、書いてあったとするでしょ。そこに飲みこめないってキャッチがあって、海の絵と『生きる』の題字があったら、すごい。ぼくはすぐ、人に海は飲みこめないと思った。ところがあの子の一行はもっと深い。それをどこまで意識しているかはともかく、その深さが表現をジャンプさせるんだ」

次の子どもが待っている。話を切り上げて、夏末さんを迎え入れた。

文字がおもしろい。絵文字のように工夫してある。夏未さんの一行は、「空を見上げる」だった。でも文字の位置が「見上げる」にしては下のほうに書いてある。思いがけない表紙ができあがろうとしていた。

「こうやって書いてみたけどどうですか?」

「ほんとうだったら、上のほうにあると見上げるだよね。でね、これを直す必要はない。この字がここにあって、見上げているようになる方法ないか考えてごらん。たとえば文字の下に小さな人がいたら、見上げているようになるだろう。ありと人だったらどっちが上にあると見える?」

「人」

「小さく人を加えたら『生きる』の上の余白がすごく高く広くなるよ」

文字の色が少し暗い。明るくしたらどうだろう。

「色をこの上から塗れる?」

「クレヨンで」

「そうしたらいい。小さな人を描いて明るい色の文字にしたら。空を見上げる君の気持ちが人に伝わるよ。やってごらん」

大小で遠近や上下が変化するラフスケッチを、手品でも見ているようだった夏未さんを送り出す。

花衣さんは、三つのハートで囲まれた花を描いてきた。一行は「あなたを抱きしめてあげること」だった。

「先生が抱きしめてあげるところはダメって言ったから」

「どうして三つだったの？　ハートは」

「生きるが三文字だから」

「おもしろいな。お花がある理由は？」

「花も一生懸命、心があって、あつく生きている」

「花を抱きしめる感じがわかる、これにどうやって文字を入れるの」

文字をハートの上に置いた。文字は黒いままでいい。ハートはピンクだし、アクセントに花の赤もある。絵も字もほぼできた。ひとつもったいないと思ったことがある。

「バックの色がちょっと寂しいな。単純な色でいいからピンクとか赤がみんなに伝わる色、抱きしめるって気持ちが伝えられる色にできないかな。ピンクや赤を抱きしめているもうひとつの色を見つけることだな」

「じゃあ、黄色」

「いいよ。ピンクはクレパスで塗るのかい？」

「絵の具」

「じゃあバックは質感を変えてクレパスの黄色を塗ってもいいかもしれないね。嬉しいときってていろんな嬉しさがあると思うんだよ。絵の具で塗ったしっとりしたピンクもあるし、クレヨンの塗り跡が残っているような、元気なピンクもある。ぼくだったら、クレヨンの黄色で、ていねいに描いたハートと逆にクレヨンの線が残るようにバックを塗るかもしれないな。おんなじに平坦に塗ると、せっかくのハートが目立たなくなっちゃうと思うよ」

仕上げが見えた。花衣さんはクレヨンでバックを塗るだろうか。後ろ姿をじっと見送った。

真菜さん。「澄み切った空気をすうこと」は、山の絵になっていた。

「これ下書きなんですけど、先生の言っていることと違うんじゃないかな」

不安そうな目を向ける。うん、もうひとがんばりしてほしい。

「箱根に行ったときに、空気をすった経験があるんだね。そのとき、体が喜んだのか、口が喜んだのか、そう、鼻だったのか空気をすって生きているなって感じたのは空気の香り？　湿度？　もうひといきだね。この人の鼻がすーってなっているとか、山も呼吸しているとか、山にも鼻があるとか。そうするとわかるよ。口でもいいよ」

「山に描く」

「ね、そうしたらおもしろくなる。こんなに人を描かなくていい。山に鼻があって鳥でも飛んでいたら完璧。人はひとりでいいよ。その人の鼻も大きく描くといいね。成功、成功！」

「ありがとうございました」

山が空気をすう絵を、どんなふうに描いてくるか、楽しみだ。

ミスター・サッカーの信悟くんが、首をかしげながらやってきた。

どんな足が描けたか、ぼくは楽しみに待っていた。

「ちょっと変になっちゃった。気合を入れてシュートするときって緊張したりするから、鳥肌感をつくろうと思ったんだけど。どうですか？　これに砂を入れるんだけど、校庭からとってきた砂で」

選んだ画材は、なんと校庭の砂だった。

これは発見だ。構図を少々アドバイスする。

「ほんとうはね、ボールをもう少し大きく描きたかったな。足はもっと大きいといいな」

裏返すと、裏表紙にも人がいる。文字もいい字を選んでいるが、まだ余裕があった。ボールがもうひとつあってもいい。

「シュートできなかったボールが、ここに逃げちゃった」

「決まらない」

「決まらなくて飛んでいったボール描いたら、大きく。文字にのってもいいよ。文字の上にはずれのボールがとんでいく。そうしたらみんながなんで生きるでボールなんだろうって見る。みんなの目をとめるために、ここにはずれのボールをでっかく描く」

信悟くんが、ボールを描いた。

「そのボールのところから足が見えるように」

「わかりました」

「すごい」

ぼくはVサインで送ってやりたい気分だった。

「友だちと遊んでいること」と一行を考えた聖也くんは、生きるの文字をたくさん書いてきた。文字が流れる川のようだ。

「時間が流れて、遊ぶ時間がどんどん過ぎていく」

「この形は?」

「いろいろ適当にやってたらいろんな形になった」

「タイトルの字を負けないようにもっと太くしてごらん。このピンク色は何で塗った?」

「色鉛筆」

「この『生きる』は水彩とかクレヨンで塗ったら強調できるね。友だちと遊んでいるときの楽しい感じが出るよ」

「字だけじゃなくて、絵も描いたほうがいい?」

これは嬉しい質問だった。

「ううん。こういう形は絵の卵なんだ。君の描いたのは絵の原型、抽象画って聞いたこと、見たことない。遊んでいるときは時間がどんどん過ぎていくって言ったね。そんな気持ちが描かれている。とってもいい」

聖也くんは「生きる」を考えたら、遊んでいるときだと思った。そのときの心が川のような形になった。意識はできていないけれど、連続性といった、まだことばにはできないけれど生の姿をとらえている。タイトルを強調すれば完成。

「自信もてよ。保証する」

「わかりました」

「ほんとうだよ」とぼくはもう一度保証した。

面談室での相談を一段落させて、図書室に向かった。

図書室で、本を探していた滉くんが泣きはじめた。

「あと五分で完成できるかな。まだ何にも書いてないのに」

涙が止まらない。

保健室に自分からやってきて相談できる子はまだ大丈夫だ。

「どうしたのかな。君の一行なんだっけ？　だれかと話をしていること。だれかって具体的な人を思い出さない？　きのうだれと話した？」

「聖也とか、お母さん」

「どんな話？」

「宿題のこととか」

「お母さんなんか言った？」

「うん」

「どんな話？　思い出してごらん。一行つくるのに手伝ってくれた？」

「手伝ってくれた」

「お母さんの生きるって何？」

「聞いてない」

「君は、だれかと話をすることだって言った？」

「言った」

「なんて言ってた？」

「いいんじゃないって」

「ぼくもステキな一行だと思う」

「きのう、いいんじゃないって言ってくれたお母さんの顔を見てただろ、勇気がでてきた？」

「うん」

「どうしようかな。昔のことを考えてみようか。あのときの話がよかったと思い出すことない？　あの話が忘れられないなとか、あの子は好きじゃないけどあの話はおもしろいなとか、なにかないかな」

「あると思うけど思い出せない」

「何が好き？　電車が好きって言う子がいたよ。滉くんは何が好き？　勉強じゃなくてもいい。食べるものでもいいよ。何が好きだろう？　どんな運動が好き？」

「えーっと走ること。それくらい」

「走るときはあんまり話しないね。食べるもので好きなものは？」

「お肉」

うーんとうなって目をつぶってじっと考えたのは、ぼくのほうだった。

「お母さんとはよく話をする？」

「うん」

「いちばん話をするのはお母さん？」

「わからない。学校の友だちのほうが多いかな」

「滉くんが学校の友だちと話す、いちばん多い話はどんな話？」

「どんな話だろう」

「学校の話かな？」

「それか笑い話」

「笑い話いっぱい知っている？」

「わからない」

「じゃあ友だちに笑い話してくれる人がいるの？」

「さあ……」

「でも滉くんはいま笑い話って言ったよ。教えてよ。どんな話？　昔話みたいの？　最近聞いた笑い話で、ぼくを笑わせて」

「なんだろう」

「滉くん、意地悪だな。思い出してくれよ〜」

意地悪といったのはもちろん本気ではない。ただそんなことばがでてしまうほど、ぼくは困ってしまったのだ。

「笑い話の切れっぱしでいいよ」

滉くんが「あれっ」という顔をした。

「なんかあったっけ？」

「最近お友だちから聞いた笑い話を、一生懸命思い出してごらん。ぼく、どんなのが笑い話なのか知りたいの」

ようやく、答えらしきことばが返ってきた。

「ぼくたちの中でありえないような話」

「ありえない話。たとえばどんなの？　お化け？」

「ありえない話、うーん……」

ことばがまたとぎれた。

「動物がかかわっていた？」

「かかわっているときもあった」

「かかわったやつをなんか思い出してよ。どんな動物？　豚？　牛？　馬？　犬だろう」

「犬じゃなかった」

「猫。サル。ゴリラ。クジラ」

「なんだろう」

「でも動物がかかわっているようなありえない話があったんだ。じゃあありえない話を絵に描いたらどう描く」

「えー」

驚いたあとで言ったこのひとことは、洒落《しゃれ》だったのだろうか。

「ありえない」

洒落だったとしても、笑ってなんかいられなかった。

「こんな生きるって文字はありえない、っていうような、だれもが生きるって読めない字だ。わかるかい？　ぼくはその字を認めます」

「どういう意味？」

だれかの一行ではないが、ぼくのことばをなかなか飲みこめない。飲みこめないまま、涙と鼻で顔をぐしゃぐしゃにしたまま、ぼくをまっすぐに見つめる。

「だれが見てもありえないような『生きる』っていう字を考えてごらん。読めたらだめだよ。こんな字は生きるって読めないよって、だれもが……先生も鼻がでてきちゃったよ。一緒に鼻をかもう」

十二歳の子と六十歳のぼくは、いっしょに並んで、「ちーん」と鼻をかんだ。何だか、こちらも涙が止まらない。

鼻をかんでから思った。人前で泣いたなんていつ以来だろう。

二人っきりの作戦会議が再開した。

「だれもが、生きるって絶対読めない字を考えよう。ありえない字だぞ」

「ありえない字……」

「君だけがわかる『生きる』って字。マルでもテンでもいい。自分でありえないような文字を書くんではなく、作ってしまうんだ。君だけだよ、そんな字を使えるのは。だってありえない話をするのがおもしろいんだよね。生きるって感じるんだよね」

「うーん」

正直ぼくは自信がない。だから、休まず話しつづけた。

「○でいい、△でいい。堂々と発表すること」

「ありえない字？　それでいいの？」

「いいんだよ。ほんとうだよ。嘘は言わないよ。だれも生きるって読めない字をつくるの。読めない字をつくる。おもしろいこと考えるなってみんなが思うよ。だれも笑う子なんていない。感心するよ」

「きっと？」

「きっと」

「三つのばってん書いてもいい。それが君の答え」

滉くんがまた泣き出した。ぼくは泣くかわりに滉くんを励ましつづけた。

「できるよ。ここにいっぱいに書けばいい。先生の魔法のペンをあげよう。これで書いてごらん」

「ありえない文字」と言いながら、ぼくは滉くんにペンを手渡した。

滉くんの涙は止まらない。「ありがとうございます」と泣きながら二度くりかえした。

ぼくは、自分で言ったことばに自分で仰天していた。

文字を教えに来たのに、「読めない文字を使っていい」と言い出すとは思わなかった。

「君の一行から見えてきた。君がいなかったらこんなおもしろい生きるの表紙はできなかった」とぼくはすなおな気持ちを、まだまだ泣きべそ顔の滉くんに告げた。

驚いた。感謝だ。

滉くんが手を動かしはじめたころ、信悟くんは校庭へ砂を取りに行った。

「何やっているの?」とひろみさんが聞いた。

「見てればわかるよ」と信悟くん。

「できた」という声がちらほら聞こえはじめた。

最後の仕上げは、自分の名前を表紙の内側に書くことだ。

「装幀　〇〇」と書くのだ。

「できた――」

「できた――！」

「できた――？」

ひとりひとり名前が違う。ひとりひとり違う人間だ。ひとりひとりを発見するお手伝いをしに来た。

必死にやってきた授業が、おもしろくなっていた。

もっともっとひとりひとりとつきあってあげたい。

滉くんがまたやってきた。

「どうした？　おお、おお。おもしろいな。考えた、えらいぞ。これでいいんだ」

滉くんの表紙には、×〇△とあるだけで文字がなかった。

「裏表紙……は？」

感動している場合ではない。子どものほうがぼくより立ち直りが早い。

「なんだかわからないから、裏にちゃんと生きるって書いたほうがいいかな」

滉くんは手に取る読者のことを考えはじめていた。

「ゲームみたいだね。だったらさ、答えは裏にあります、でいこうよ。裏に、×＝生、○＝き、△＝るって書いたら、かっこいいぞ。オンリーワンだ」

「わざわざ答えは裏にって書く？」

「書かなくていい。人が表紙を見て不思議に思ったら、裏返して見るよ、なんだこれって」

いつか滉くんのこのアイデアをぼくが使うかもしれない。

表紙にはタイトルといった固定観念がある。そこに文字がないんだからびっくりする。アイデアが出なかったっていうこともあるけど、アイデアがないのもひとつの答えなのだ。

「わからない」というのは問いへの立派な答えのひとつなんだ。問いそのものを疑うことを求めている。滉くんに教えてもらったのだ。課外授業だからいい、といったことではない。「教える」ということを考える根っこの問題だ。

答えがない、わからないと心底思うとき、人はそれでも生きていくにはどうしたらいいか考える。

それがこういう表現を実現する。生を実現すると言ってもいい。この授業がライブだとディレクターに言ったけれど、滉くんは、まさに生そのものの輝きをぼくに見せてくれた。

教室へ戻った。

「もういいかな」と声をかけると、

「まだ終わってない」と声が返ってきた。

「最初にみんなと会った図書室で、発表してもらうよ。ひとりひとりね」

「何を発表すればいいの?」

「自分は『生きる』をこう考えて、こう表現した、どうしてそうしたか話してください」

四時間目／図書室で、自分の装幀を発表する

ぼくらはふたたび図書室に集まった。作品発表。最後の授業だ。図書室で、子どもたちが自分のつくった本をかかえて、目を輝かせている。

発表の時間は限られていた。

自分の一行。その一行を伝えるためにどう表現したか。

この二点を表紙を見せながら話してもらうことにした。

装幀者の卵たちが次々と前に立ち、作品を発表していった。

俊樹「ぼくは冷凍マンモスを見たときに『生きる』を感じました。なぜそう思ったかというと冷凍マンモスから、生きるということが伝わったからです。だから伝わるってこと

で電話とか矢印を書きました」
菊地「大昔に死んだマンモスが君に電話くれたんだ、生きてるっていいぞって（拍手）」
花衣「私が生きてるって思ったことは、弟を抱きしめたときで、絵は、心が温まる色、ピンクでやりました」
菊地「色に色が抱かれている（拍手）」
由惟「私は人と話しているときが楽しくて生きているなって思います。みんなが笑顔になれるように、笑っているところを描きました」
菊地「バックは虹ですか？　いいな（拍手）」
彰人「ぼくは生きるということは一日を大切にすること。一日の始まりから終わりを描いてみました」
菊地「大切はどこであらわしたの？　色かな。きれいな色だね。上はハート？　大切のの象徴になっているな。太陽みたいだけど心臓にもみえるところがいいね（拍手）」

信悟「ぼくは生きると感じるときはサッカーでシュートを決めたとき。シュートを打つときは緊張するから、鳥肌を砂で表しました」

菊地「後ろの文字もステキだね。みんなに見せて。シュートしているときの足の指まで描いてある。シュートは足で感じる。砂がすごいね（拍手）」

雅也「ぼくは生きるということは夢を追うことにしました、この絵は夢で、シュートを決めたら夢に出会えるということ、心臓はドキドキを表している」

菊地「夢を追うのはドキドキすることなのね。君の夢もサッカー選手だ。生きるの赤と心臓の赤、もうひとつ、ゴールにある赤は何だろう？」

雅也「日本の」

菊地「日の丸か。赤が追っかけっこしているみたいだね。動きがあって、よしよくできた（拍手）」

明里「私は、あなたと話ができること。いろいろ考えて話すというテーマで、話すということにして、回りを黄色にしました」

菊地「真ん中はハートですか？　くびれているところからだれかが見えておもしろいハートだね。色もきれいだし、話をできる喜び、生きる喜びが色でも伝わってくる、形でも伝わってくる、とってもすてきだと思います（拍手）」

夏未「私は空を見上げたことにしました。裏にはそのときに感じたことを字にしました。表は目立つためにいろんな色でカラフルにしました」

菊地「帯をはずすとどうなるの？」

夏未「人がいて空を見上げている」

菊地「生きるってタイトルが下のほうに書いてあるけど、見上げている人がいることでずいぶん高いところに生きるがあるように見えるね。おもしろいです（拍手）」

ひろみ「私の『生きる』は未来に向かって歩むことにしたので、表紙も道を描いて、ここを未来にして思い出のものや生き物などを描いて、未来を輝いているからこうしました」

菊地「文字も歩いてる感じがするよ。とってもよくなった（拍手）」

琴子さん「私は歌を歌うのが好き、歌を歌うことにしました。色は外で歌うのが好きだからブルーにしました」

菊地「音符が歌ってるね。三つ四つあるのは、友だちと歌っているイメージがあっていいですね（拍手）」

亜耶「私は、この家族全員が健康で仲よくいることが生きるということにしました。そしてこのマルは、家族の好きな色を囲んでみました」

菊地「幾重にもなっている真ん中はだれですか？」

亜耶「これはうちの真ん中の弟」

菊地「ブルーは？」
亜耶「私の好きな色で」
菊地「家族のいちばん外側にいるのも自分なんだ。家族が全部自分の中にいるんだね。よくできた（拍手）」
紗和子「私は本を読むことにしました。本を読むことなのでたくさん本を描きました」
菊地「本が生きものみたいに見える。生きるの回りの元気な黄色がいいね（拍手）」
愛「私は友だちと遊ぶということにしました。友だちと遊ぶと楽しいし、サッカーをやると一生懸命だけど楽しいので、これにしました」
菊地「とっても白が生きている。『生きる』って文字もきれいだし。余白が、すがすがしい生きる気持ちを語っているね。すてきな友だちがいるんだね（拍手）」
聖也「友だちと遊べることにしました。回りのいろんな字は、遊んでいるときに思ったことかあったことをいろいろ、字で、絵を描かない代わりに工夫しました」
菊地「おもしろい絵になっている。抽象画っていうんだけどね、見る人によっていろんな想像ができる（拍手）」

敦「ぼくは夢をもつことにしました。夢にちなんで、この矢印は夢に向かってっていうイメージ。この矢印のおかげで電車も描けてよかったです」
菊地「よし。見た人は矢印の先にどんな夢を重ねてくれるかな。ステキだ（拍手）」
貴人「ぼくは星がきれいだということにしました。表紙も星がきれいだって」
菊地「『生きる』が星になったね。空の色もいいね。文字の黄色がとってもいい。びっくりするね、本屋さんでそれを見たら（拍手）」
楓「私はあなたと話ができることにしました。そしてこの絵は世界中の人があいさつをしたり、話をしているところです」

菊地「よくできた。ていねいに描いてあるね。二人だけだったら話しているだけで『生きる』の表紙にはならなかったよ（拍手）」

まり「私は涙を流すことにしたので、涙を描いてみました。泣くときは悲しいときだけではないので、明るい色も使って、帯をとるとこぼれた涙がはねるようになっています」

菊地「人は嬉しいときも涙でるね。涙で生きるが表現できたね（拍手）」

瑞樹「私は『生きる』ってことはあいさつだと思いました。ここにあいさつしているのがあって、これは水の泡」

菊地「『生きる』ってタイトルがよくなった、文字がいきいきあいさつしたね（拍手）」

真菜「私は、空気をすうことにしました。それで、絵は山も息しているように鼻とか口を描きました」

菊地「山の顔。おもしろいな。帯をとると？」

真菜「魚が息してる」
菊地「女の子もいるんだ。女の子も息しているね。すてきな山だね（拍手）」
由那「私は感動することにしました。絵も涙で感動するイメージにしました」
菊地「ステキな色だね。上にある紫からピンクは感動したときの心の色だ。ありがとう（拍手）」
友一「ぼくは火の熱さを感じることにしたので、火で手を温めている絵を描きました」
菊地「表が青なんだ。意外性がいいな。一行は？」
友一「火の熱さを感じること」
菊地「表紙は寒色の青と緑で、手にとってみると裏には火がある、とってもおもしろい裏表の使い方だと思う（拍手）」
祐太朗「ぼくは、夜寝て、朝起きれることです」

菊地「健康だな」

祐太朗「優しい色にして、生きるみたいな字にして。わざとじゃないけど、変な形になっちゃって。でも先生が、朝起きるのいやでのびているみたいって言ってくれたから安心しました」

菊地「とってもいい字が書けたよ。自分の一行よく考えた、『生きる』って君の字好きだな。生の字。とてもいいです（拍手）」

広大「えっと、ぼくは生きることはなかなか飲みこめないと思ったので、なんか意味が深いような気がしたので、深い海の絵にしました」

菊地「水彩ですか？　海は。白い文字がきれいだ。とてもいきいきしてきたよ。最初に見たとき、海なんて飲みこめない、おもしろいなって思った。そのあとで、生命は海から発生したって聞いたことを思い出しました。とてもいいです（拍手）」

夏夢郎「ぼくはずっと健康でいられることにしました。健康っていうのは肉体的な健康と心の健康も考えたので、心の健康っていったらやっぱり笑っていることだと思ったので、家とか山とかすべてが笑っているのにしました」

菊地「自分の体だけでないってことだね、健康は。とってもていねいな、とてもおもしろい表現です（拍手）」

俊介「ぼくは卓球をすることが生きるを実感できると思いました。工夫したところは生きるを下から上に書きました。人は下から上にどんどん成長していくから。バックは勝ったときの嬉しい気持ちをあらわす赤」

菊地「字の置き方は大発見だ。白い字が少しずつ上に大きくなるのもいいね（拍手）」

滉「ぼくは、だれかと話すことにしました。おもしろがらせるために書きました」

菊地「ゲームみたいだね。色もいいよ。表紙に文字が書いてなくて×○△と書いてあるね。裏は？　バツが生でおもしろい（拍手）」

生きる
生きる

発表が終わった。

みんなほんとうにステキだ。きのうつくったものとは比べようもないすばらしい表紙が生まれた。ほんとうのことを言うとぼくは、ひとりひとりが自分の一行を見つけ、その一行を人に文字の形や色にすることで精一杯で、絵までは期待していなかった。テレビやマンガといったメディアのことば（声や文字）と画像が一つになった情報にさらされている子どもたちなんだと、改めて考えさせられた。

コレデ、オシマイ。

でも最後にひとこと。子どもたちに大きな宿題を出した。

「君たちに宿題を残します。君たちは詩のイメージをことばにし、そのイメージを人に伝える文字や絵にすることを二日間でやってきた。宿題は、ここにいる二十七人ひとりひとりが自分自身をイメージすること。夢や希望、こうありたい自分、こう考える自分……。それを実現するには、家族や仲間、そして社会で理解され、共感されなくてはいけない。人はひとりでは生きられないのだから。自分のイメージをどんなことばや行為で示せばいいか考え、考え、生きてください。ことばは話し方や身ぶりで変化します。花ということばが文字でイメージが変わるようにね。

きのう図書室で君たちに会って、一冊の本を選んでもらった。表紙だけでみんな選んだね。本はみんな本箱に返ったけど、覚えているね。必ずその一冊を読んでください。君たちの心がどきどきするような一行、ひとことでもいい、それは君が君を読んだことになるんです。その一行は著者のものではない。心にひそんでいる君を、君が見つけたんです。

君自身を見つけるためにたくさん本を読んでください。自分というものは外に転がっているものではない。自分の中に潜んでいる、それを読み出すのが読書です。本は自分を読み出す道具なんです。小説や詩はそのためにあるんです。

どうか最初に装幀で出会った一冊を読んでください。きっと、君がはじめて出会う君がいますよ」

ほんとうに、これで最後だ。

「じゃあおしまい。ありがとう」

と早口で締めくくった。

「ありがとうございました」

子どもたちが、みんな、拍手してくれた。


最後の授業を終えて教室を出てきたぼくの様子を、ビデオの速記ではこう記録していた。

「菊地　ラストⅣ　目をつぶって瞑想《めいそう》している」

瞑想しているように見えたのか。ほんとうは泣いていたのに――。

まただ。職業に誠実な人間ほど、無粋な質問をする。

――思いどおりの授業になりましたか？

思いどおりなんて言わないでくれ。みんなと一緒につくったんだ。ぼくは十分いただいた。

「目の涙をぬぐう」と速記の次の行に書いてある。

――泣かされましたね。

「泣いちゃった。泣かされるとは思っていなかったな。ハンカチで鼻かんじゃった。涙も鼻も止まらないんだ」

ぼくが知らない帰り道／子どもたちのおしゃべり

「不思議だった」

「人に役立つ人になりたい。なんかそういう気がしてきた」

「いろんなことをこれで思い出せた。記憶に残っていたことが形に表わせた」

「ハラハラどきどきしたけど、思い出っていうか心に残る二日間だったと思う」

「嫌なことがあってもそれをカバーして前向きに考える。ずっと前に前に進む生き方をしようかなーと思った」

「今まで描いた絵の中でいちばんよくできた」

「家族を大切に思うようになった。もっともっと」

「菊地さんはいっぱいほめてくれる人だった」

「これまではカバーとかすべて捨ててしまったときもあったけど、つくった人はちゃんと考えていると思って捨てないようにしようと思った」

「最初は表紙をちらっと見てあとは内容見ただけだったけど、こんなに工夫して心をこめてデザインしてくれているんで、今度からは表紙をじっくり見てから内容を見たいと思う」

「倒れたい。疲れた」

「わからない話もあった」

「一行を考えるだけで一時間くらいかかって、でもやっとできて嬉しかったです」

「戦争でくしゃみしたら、見つかって殺された人もいたって聞いて驚いた。日本のほうが豊かだってわかりました」

「気持ちがすっきりした」

「自分でもこんなことできるんだなって思いました」

「砂をつけて菊地先生がなんて言われるかってどきどきしてたけど、すごいいいよって言われて、印象に残った」

「こういうのを、本だけじゃなくて、ほかのことにも使えたらいいなって思った」
「先生、なんか若々しく感じた」
「いつもはふつうに歩いてたり食べてたりするのがあたりまえだったんだけど、この授業で、そういうのも生きることの大切なものなんだなって感じさせられました」
「あんまり本の表紙とか見てなかったけど、これからは気をつけてみようかなって思った」
「本の中に自分を見つけようって言われたことをがんばってやってみようかな」

あとがきにかえて

二十七人の子どもたちと出会って、この二日間で得たものはなんだろう。

感動というひとことには入りきれない。この高揚感を何と表現したらいいものか。ひとりひとりに問いかけ、問われ、答えるぼくの目を、まばたきすることもなく見つめた目。その一瞬一瞬によぎる不安、疑い、驚き、喜び、安堵、そして涙。ぼくは忘れることはないだろう。

絵画やドラマではけっして見ることのできない教室という劇へ、ぼくをいざない、ステージへ上げてくれたオルタスジャパンのスタッフに感謝。延べ二十時間収録された音声と映像をことばに構成してくれた鳥兎沼佳代さんに深く感謝します。放映された三十分の番組を見て、もったいない、一冊の本にと企画してくれた白水社の和気元さん、ありがとう。

一瞬の目の輝きをいくつ見せてもらったか。

あんな輝きを人にもたらす装幀をつくりたい。

ぼくの「生きる」の一行、それは、「装幀をすること」


五十音順に、みなさんにお礼を言います。

愛さん、明里さん、彰人くん、敦くん、亜耶さん、花衣さん、楓さん、夏夢郎くん、滉くん、広大くん、琴子さん、紗和子さん、俊介くん、信悟くん、聖也くん、貴人くん、俊樹くん、夏未さん、ひろみさん、雅也くん、真菜さん、まりさん、瑞樹くん、由惟さん、友一くん、祐太朗くん、由那さん。

ほんとうにありがとう。

二〇〇七年一月

菊地信義

本書は二〇〇五年十月十九日、NHKで放映された「課外授業　ようこそ先輩」シリーズ、「自分の『生きる』を表紙にしよう」をもとに、大幅に加筆・修正したものです。
協力＝NHKエンタープライズ、オルタスジャパン
編集＝鳥兎沼佳代

みんなの「生きる」をデザインしよう

2007年2月20日印刷
2007年3月10日発行

著者　菊《きく》地《ち》信《のぶ》義《よし》
発行者　川村雅之
印刷所　株式会社理想社

発行所　株式会社白水社
101-0052 東京都千代田区神田小川町3の24
電話 03-3291-7811(営業部)，7821(編集部)
http://www.hakushuisha.co.jp

乱丁・落丁本は送料小社負担にてお取り替えいたします。

振替　00190-5-33228　松岳社(株)青木製本

ISBN 978-4-560-02796-7
Printed in Japan